POUESIO PROUVENÇALO

LI
PARPAIOUN BLU

DE

WILLIAM C. BONAPARTE-WYSE

Em un Avans-Prepaus de Frederi Mistral

E uno Traducioun franceso suplementari

— Li Parpaioun Blu,
Ve, fugiran li Prouvençalo ?
— Nàni !
A. MATHIEU.

GROS FRAIRE	SALVADOR MANERO
Carriero Gelino, 3 e 5	Rambla de Santa Mónica, 2
AVIGNOUN	BARCELONA

J. TARDIEU
Rue de Tournon, 13, PARIS

1868

50 eisemplàri, en grand papié, et sus papié d'Olando, em'uno foutougrafio de l'autour, an esta tira d'aquesto obro.

A M. C. W. BONAPARTE-WYSE

Vòsti *Parpaioun*, o Milord,
Subre l'alo an de blu, mai lou dessouto es d'or.

A nautre, ai! las! que sian de pàuris empremèire,
Aquel or benesi nous a fa gau de vèire.
E nous sian di subran: — D'aquel or, que fai gau,
Au bout de nòsti det se nous n'en rèsto un pau,
    O noble e glourious Felibre!
Béuren emé bonur, béuren à voste libre,
Au grand espandimen de vòsti *Parpaioun* !

E pièi, pregaren Diéu que léu vous fague paire,
    Paire d'un bèu Felibrihoun
Qu'aura voste esperit e lou cor de sa maire.

Lis oubrié empremèire di **Parpaioun Blu.**

Avignoun, lou 12 Febrié, dóu bèl an de Diéu 1868.

LIBRAIRIE DE J. ROUMANILLE, A AVIGNON

Littérature. — Histoire.
Religion. — Piété. — Classiques. — Livres de luxe.
Publications provençales, etc, — Commission.

VIENT DE PARAITRE LE 2 MARS 1868

LI
PARPAIOUN BL

POÉSIES PROVENÇALES
DE
WILLIAM C. BONAPARTE-WYSE
Avec un Avant-Propos de Frédéric Mistral
Et une Traduction française supplémentaire

1 vol. in-18 de plus de 300 pages, imprimé sur beau papier, en caractères neuf

Prix : **4 fr.**

Il a été tiré quelques exemplaires sur grand papier de Hollan
avec une photographie de l'auteur.

Prix net : **10 fr.**

« ...Acò 's pas tout. Voulènt douna de provo de soun afou-
« gamen pèr nosto lengo, aquéu grand festenau (*la fèsto de*
« *Font-Segugno dóu 30 Mai*, 1867) noun a sufi à M. Wyse.
« Lou plus superbe testimòni que noste ami d'Irlando
« pousquèsse pourgi, es lou recuei de pouësio, de pouësio

prouvençalo que publico aro meme, encò di fraire Gros en Avignoun, souto lou titre : *Li Parpaioun blu*. Avisas-vous ! que noun anessias prene aquéu libre nouvèu pèr un simple refoulèri d'anglès óuriginau. William Bonaparte-Wyse es un pouèto abrasama, enebria, eisuberant: es un pensaire audacious que founso à grand cop d'alo dins li toumple azuren de l'Idèau ; es un revaire tèndre que sènt escourre emé regrèt la jouinesso e l'amour ; e de-vouto es un galejaire que se trufo dóu rout coume de l'entié.

« Quant à la lengo, vès, sian ravi dóu gàubi emé lou quau l'a manejado : es la maniero largo, galoio e ufanouso de Belaud de la Belaudiero. En vesènt d'estrangié parla tant finamen, tant richamen nosto lengage, i'a de que aqueira, de que faire sauta sus la cuberto lis arlèri francihot que sabon pas dire *de pan*... William Bonaparte-Wyse, tóuti li flour de Crau e dis Aupiho van bada, trefoulido, à ti *Parpaioun blu*, e toun noum deja 's escri dins lis estello de Prouvènço, e toun ciéutadinage es counquist en Avignoun. »

Tiré de l'*Armana Prouvençau* de 1868.

EN PREPARACIOUN
PÈR L'AUTOUR DI PARPAIOUN BLU

CERBERUS
O LOU CHIN DI TRES LENGO

« A leash of languages at once ! »
HUDIBRAS.

LOU REMORS DOU PAPO INNOUCÈNT

POUÈMO PROUVENÇAU, SEGUI D'UN MESCLADIS.

— « Baro, » ditz l'Apostoli, « no pose mudar non pes,
« Car ergolhs e maleza es entre nos ases.
« Nos degram governar, per bon dreit, tot cant es ;
« Et recebem los mals, et fam perir los bes ! »

CANSOS DE LA CROZADA CONTRE ELS EREGES
DALBAGES. COBLA CXLIX.

ON TROUVE CHEZ LE MÊME ÉDITEUR :

Calendau, nouveau poème en douze chants, par Frédéric Mistral, traduction française en regard, un beau portrait de l'auteur, des. par Hébert et gravé sur acier par Gaillard. 1 vol. in-8° de plus 500 pages, 7 fr. 50 (*Envoi franco*).

Lis Oubreto en vers de Roumanille, (XXXII-359 pages), troisième tion. Ce volume contient : *li Margaridelo*, — *li Nouvè*, — *li So jarello*, — *la Part de Diéu*, — *la Campano mountado*, *pouèmo sèt cant*, — *li Flour de sàuvi*, etc., in-18, — 3 fr. 50.

Lis Oubreto en proso, de Roumanille, (in-18, 428 pages) nouvelle tion. Ce volume contient : *lou Colera*, — *un brave Enfant*, — *Clube*, — *un Rouge em'un Blanc*, — *la Santo-Baumo*, — *la Ferigou* — *li Parlejaire*, — *pèr Nouvè*, — *Santo-Crous*, — *Quand devès, paga*, — *li Capelan*, et les *Bachiquello*, *Boufounado* et *Talouna* du CASCARELET. 3 fr. 50.

Lou Siège de Cadaroussa, poème héroï-comique, par l'abbé J. Favre, avec un avant-propos par J. Roumanille. Joli vol. in-1 50 c. — par la poste, 60 c. (*Deuxième édition*).

Un Liame de Rasin, contenant les œuvres provençales et la biogr phie de Castil-Blaze, d'Adolphe Dumas, de Jean Reboul de Nîm de Glaup et de T. Poussel, recueillies et publiées par J. Roum nille et F. Mistral. Un beau volume in-18. — 3 fr. (*Publicati nouvelle*).

Mirèio, poème provençal de F. Mistral, avec traduction littérale e regard. (Ouvrage couronné par l'Académie française). Quatriè édition, in-18. — 3 fr. 50.

La Miòugrano Entre-duberto, de Teodor Aubanel, avec traductio littérale en regard. Jolie édition in-12. — 3 fr. 50.

La Farandoulo, d'Anselme Mathieu, avec une préface par F. Mistral et la traduction littérale en regard. (Deuxième édition, augmentée) in-18. — 2 fr. 50.

Quau vòu prendre dos lèbre à la fes, n'en pren ges, comédie proven çale en trois actes et en vers, de L. Roumieux, de Nimes, couronné aux Jeux floraux d'Apt en 1862 ; traduction littérale en regard ; in-18 — 2 fr.

Lou Tambourin, de François Vidal. Couronné aux Jeux floraux d'Apt en 1862 ; un beau volume in-8°. — 5 fr. Par la poste, 5 fr. 50.

Lis Amouro de ribas, culido pèr la Felibresso dóu Cauloun ; avec tra duction littérale en regard. In-8ʳ. — 5 fr. Par la poste, 5 fr. 50.

Bresco d'Antòni-Blàsi Crousillat, contenant les œuvres complètes de l'auteur, in-8°. — 3 fr. 50. (*Publication nouvelle*).

Lu Galoubet de Jacinte Morel, précédé d'une étude biographique par F. Mistral, jolie édition in-18. — 1 fr. 50.

Lou Bourrido agatenco, de B. Floret, d'Agde. Un joli vol. in-18. — 3 fr. 50 ; par la poste, 4 fr.

Bruno-la-Blonndo, o la Gardiano dis Aliscamp, par Jules Canonge. Un vol. in-18. (1868).

Lous Cants de l'Aubo, recueil de poésies languedociennes d'Albert Arnavielle. Un vol. in-18. — 3 fr. 50. Par la poste, 4 fr. (1868).

Li Nouvè de Saboly e de Roumanille, augmentés d'un grand nombre de vieux noëls inédits. Nouvelle édition revue avec soin, précédée d'une notice biographique sur Saboly, par J. Roumanille. — 75 c. (*Publication nouvelle*).

La Campano mountado, poème héroï-comique en VII chants, par Roumanille, avec des notes ; in-12. — 1 fr. 25. (*Ce poème est compris dans* LIS OUBRETO EN VERS).

Li Bourgadieiro, par A. Bigot, in-18, deuxième édition. — 3 fr. Par la poste, 3 fr. 25 c.

Roman (le) de Flamenca, publié d'après le manuscrit unique de Carcassonne, traduit et accompagné d'un glossaire par M. P. Meyer. Grand in-8° — 12 fr. Par la poste, 13 fr.

Lou Vin di Felibre, de William C. Bonaparte-Wyse, musique de A. Dau, avec accompagnement de piano. — net : 1 fr.

Las Castagnados, par le Marquis de la Farc-Alais. Un beau volume in 8°. — 5 fr. Par la poste, 6 fr.

Armana Prouvençau, de 1860 à 1863, 60 c. — De 1864 à 1868, 1 fr.

Lis Auvàri de Roustan, poème comique par Autheman, in-8°. — 75 c.

Réponse à M. Alfred Artaud, par J. Roumanille, in-8°. — 50 c.

Li Nouvè de Roumanille, avec accompagnement de piano : li *Pijouno*, 60 c. — *Li Diable*, — *lou Bon Rescontre*, — *lou Raubo-Galino* (A. Dau), chacun 75 c.

Recueil des Noëls de Nicolas Saboly, nouvelle édition, publiée pour la première fois avec les airs notés, recueillis et arrangés pour le piano ou l'orgue par F. Seguin ; in-4°. — 8 fr. Par la poste, 9 fr.

Avignon. — Imp. adm. Gros frères.

LI PARPAIOUN BLU

AVIGNON. — IMPR. GROS FRÈRES.

POUESIO PROUVENÇALO

LI
PARPAIOUN BLU
DE
WILLIAM C. BONAPARTE-WYSE

Em'un Avans-Prepaus de Frederi Mistral

E uno Traducioun franceso suplementàri

— Li Parpaioun Blu,
Ve, fugiran li Prouvençalo ?
— Nàni !

A. MATHIEU.

SAPERE AUDE

GROS FRAIRE
Carriero Gelino, 3 e 5
AVIGNOUN

SALVADOR MANERO
Rambla de Santa Mónica, 2
BARCELONA

J. TARDIEU
Rue de Tournon, 13, Paris

1868

I POUÈTO

BESSOUN NACIOUNAU

FREDERI MISTRAL, DE PROUVÈNÇO,

E

VICTOR BALAGUER, DE CATALOUGNO,

MI CAR AMI,

EMÉ GRAND GAU DEDIQUE

LI PARPAIOUN BLU.

WILLIAM C. BONAPARTE-WYSE.

Avignoun, lou bèu jour de S. Francés d'Assiso, 1867.

AVANS-PREPAUS

AVANS-PREPAUS

I

Vèn de i'agué sèt an, un bèu jouvènt, de bloundo e noblo caro, s'arrestè pèr asard en Avignoun.

Èro un jouine Irlandés qu'anavo pèr lou mounde, estudiant li païs e li pople divers, e espassant sa languitudo en filousofe.

Avié forço legi, forço treva e forço vist : mai la longo leituro di causo d'autre-tèms noun avié satisfa soun apetis de vido ; la trevanço fastigouso de l'auto soucieta l'avié rendu coubés e abrama de la naturo ; e dins touti si viage, siegue dins l'Anglo-terro, siegue dins l'Alemagno, o dins la Franço o dins l'Espagno o dins l'Itàli, noun avié trouva rode que i'aguèsse fa gau pèr planta soun bourdoun.

Superiour à tout esprit de casto, de sistèmo,

AVANT-PROPOS

I

Voilà tantôt sept ans qu'un beau jeune homme, de blonde et noble mine, s'arrêta par hasard en Avignon.

C'était un jeune Irlandais qui allait par le monde, étudiant les pays et les peuples divers, et promenant, pour le distraire, son ennui en philosophe.

Il avait beaucoup lu, beaucoup hanté et beaucoup vu : mais la longue lecture des choses d'autrefois n'avait point satisfait son appétit de vie ; la hantise fastidieuse de la haute société l'avait rendu convoiteux et affamé de la nature ; et dans tous ses voyages, en Angleterre, en Allemagne, en France, ou en Espagne, ou même en Italie, il n'avait trouvé lieu qui l'eût séduit assez pour y planter son bourdon.

Supérieur à tout esprit de caste, de système

o de partit, anavo independènt pèr vilo e pèr campèstre, adourant Diéu dins li bèuta de la naturo, e ounourant l'umanita dins l'ome, se recouneissié dins l'ome, tant umble que fuguèsse, franquesso, caratère, valour e naturau.

Or, vaqui coume vai que davalè lou Rose.

II

Sènso coumta que la Prouvènço es pèr lis estrangié lou reiaume dóu soulèu e de la pouësìo, Avignoun, pèr lis estrangié que passon e que sabon, es esta de tout tèms un luminous atrivadou.

Aquelo vilo, — à-de-rèng, coume Roumo, republicano e pountificalo dins soun passat, — aparant, emé si Conse, aparant fin-qu'à la mort la liberta di Prouvençau contro la barbarié dis ome d'Outro-Louiro, devenènt pièi emé si Papo capitalo ufanouso dóu mounde catouli, aquelo vilo agusto, bèn-que vuei siegue véuso e proun abandounado, porto dins soun istòri e dins sa caro un aire digne que la prousperita dóu noumbre o dóu negòci noun dounara jamai à si rivalo de bèn liuen.

ou de parti, il allait indépendant par villes et campagnes, adorant Dieu dans les beautés de la nature, et honorant l'humanité dans l'homme, s'il reconnaissait dans l'homme, quelque humble qu'il fût, franchise, caractère, valeur et naturel.

Or, voilà comme il descendit le Rhône.

II

Outre que la Provence est pour les étrangers le royaume du soleil et de la poésie, Avignon, pour les étrangers qui passent et qui savent, a eu, de tous les temps, un lumineux attrait.

Cette ville, — tour à tour, comme Rome, républicaine et pontificale dans son passé, — défendant, avec ses Consuls, défendant jusqu'à la mort la liberté des Provençaux contre la barbarie des hommes d'Outre-Loire, ensuite devenant, avec ses Papes, capitale pompeuse du monde catholique, cette auguste cité, bien que veuve aujourd'hui et assez délaissée, porte dans son histoire et dans sa physionomie un air de dignité que la prospérité du nombre ou du négoce ne donnera jamais à ses rivales de bien loin.

L'Anacarsis irlandés davalè dounc en Avignoun.

En passant dins la carriero de Sant-Agrico, remarquè, au vitrage d'un libraire, dóu libraire e felibre Roumanille, de libre escri dins uno lengo que i'èro incouneigudo. Fort curiousamen intrè e li croumpè: èro de libre prouvençau.

III

L'estounamen de rescountra en Franço un parla literàri autre que lou de Paris e d'avé descubert uno literaturo s'ispirant noun di Grè, ni di Rouman, ni di Francés, ni dis Anglés, ni di German, nimai de l'Ourient, nimai dis Indo, mai naturalamen e soulamen dóu terradou, l'estounamen, vous dise, e l'abalauvisoun e l'estrambord que lou prenguèron, vèn pas à nautre à lou retraire.

Es toujour que noste ami, car à parti d'aqui fuguè tout nostre, sentiguè subitamen s'atuba dins soun cor la flamo felibrenco, e vouguè nous counèisse, un pèr un, e nous diguè soulennamen: « Vous ame, sias mi fraire. Partènt de vuei, coumtas sus iéu. »

L'Anacharsis irlandais descendit donc à Avignon.

En passant dans la rue Saint-Agricol, il remarqua, à la vitrine d'un libraire, du libraire et poëte Roumanille, des livres écrits dans une langue qui lui était inconnue. Fort curieusement il entra et les acheta : c'étaient des livres provençaux.

III

L'étonnement de rencontrer en France un idiome littéraire autre que celui de Paris, et d'avoir découvert une littérature s'inspirant, non des Grecs, ni des Romains, ni des Français, ni des Anglais, ni des Germains, ni même de l'Orient, et ni même des Indes, mais naturellement et seulement du cru, l'étonnement, vous dis-je, et l'étourdissement, et le transport qui le saisirent, ce n'est pas à nous de le dépeindre.

Toujours est-il que notre ami, car à partir de là il fut tout nôtre, sentit soudainement s'allumer dans son cœur la flamme *félibrique*, et il voulut nous connaître un à un, et solennellement il nous dit : « Je vous aime, vous êtes mes frères. A partir d'aujourd'hui, comptez sur moi. »

Ansin couneiguerian e veguerian s'apoundre à noste bataioun lou valerous felibre di *Parpaioun blu*, William Carle Bonaparte-Wyse, nascu à Waterford (Irlando), de Sir Thomas Wyse, embassadour en Grèço pèr la rèino Victoria, e de la princesso Lætitia Bonaparte, fiho dóu prince Lucian.

IV

Bon sang pòu pas menti. A la Revoulucioun, se manquè de rèn que lou Bos de la Santo Baumo, glòri de la Prouvènço, fuguèsse vendu coume prouprieta de la nacioun e cepa brutalamen pèr faire d'esclapo. Es Lucian Bonaparte, — einat de l'emperaire Napoleon Proumié, — que lou sauvè. Car, pèr bono fourtuno, Lucian, d'aquelo epoco, estènt à Sant-Meissemin e presidènt aqui l'assemblado dóu pople, faguè, em' elouquènci, valé l'antiqueta e la bèuta de la fourèst, e gagnè soun proucès contro lis esclapaire.

Bon sang pòu pas menti, e lou bon Diéu mando de signe : au moumen que la Prouvènço fièramen s'enarquiho dins sa lucho suprèmo contro lis esclapaire e li ressaire de sa lengo, veici à nosto ajudo un felen de Lucian que pren gaiardamen nosto bandiero e que la bandejo amount à la cimo di merlet.

Ainsi connûmes-nous et vîmes-nous s'adjoindre à notre bataillon le valeureux félibre des *Papillons bleus*, William Charles Bonaparte-Wyse, né à Waterford (Irlande), de Sir Thomas Wyse, ambassadeur en Grèce pour la reine Victoria, et de la princesse Lætitia Bonaparte, fille du prince Lucien.

IV

Bon sang ne peut mentir. A la Révolution, il s'en fallut de rien que le Bois de la Sainte Baume, gloire de la Provence, ne fût vendu comme propriété nationale et coupé brutalement pour faire des bûches. C'est Lucien Bonaparte, — aîné de l'empereur Napoléon 1er, — qui le sauva. Car, par bonne fortune, Lucien, à cette époque, étant à Saint-Maximin et y présidant la société populaire, fit, avec éloquence, valoir l'antiquité et la beauté de la forêt, et gagna son procès contre les fendeurs de bois.

Bon sang ne peut mentir, et le bon Dieu envoie des signes : au moment où la Provence fièrement se redresse dans sa lutte suprême contre les bûcherons et les scieurs-de-long de sa langue, voici à la rescousse un petit-fils de Lucien qui prend gaillardement notre bannière et la fait flotter là-haut à la cime des merlons.

Afeciouna, fidèu, plen d'enavans e de courage, despièi sèt an camino e canto emé nous-autre; e tóuti li printèms, quand li *parpaioun blu* vènon, au mes de Mai, beisa li *prouvençalo*, vesèn parèisse em'éli noste ami William.

Alor, dins li festin que nouman *felibrejado*, dins aquéli banquet sacra, ounte, liuen di proufane, di mescresènt e di jalèbre, celebran li mistèri dóu divin Gai-Sabé, éu vèn turta 'mé nautre lou vèire amistadous, e nous adurre sa cansoun, e s'enebria de pouësìo e brinda piousamen à la patrio prouvençalo, e mescla si lagremo à nòsti plour d'entousiasme.

V

E es dins uno d'aquélis agapo qu'un jour l'ausiguerian nous parla coume eiçò en noble prouvençau :

« FELIBRESSO E FELIBRE,

» Avans de me separa de vautre pèr quàuqui mes, me permetrés, parai? de vous dire quaucarèn que me peso sus lou cor e que voudriéu rèndre emé

Fidèle, plein d'ardeur, d'entrain et de courage, depuis sept ans il marche et il chante avec nous; et nous voyons, chaque printemps, — quand les *papillons bleus* viennent, au mois de Mai, baiser les *pervenches*, — apparaître avec eux notre ami William.

Alors, dans les festins que nous nommons *félibrejades*, dans ces banquets sacrés où, loin des mécréants et des profanes et des froids, nous célébrons les mystères du divin Gai-Savoir, il vient, lui, choquer avec nous-autres le verre amical, et nous apporter sa chanson, et s'enivrer de poésie, et porter des toasts pieux à la patrie provençale, et confondre ses larmes avec nos pleurs d'enthousiasme.

V

C'est dans une de ces agapes qu'un jour nous l'entendîmes nous faire en provençal cette allocution :

« Félibresses et Félibres,

» Avant de me séparer de vous pour quelques mois, vous me permettrez, n'est-ce pas? de vous dire quelque chose qui me pèse sur le cœur et que je touto la fervour de moun amo... Un journalisto de voste païs (noun sabe quinte) s'es pleisegu à nouma moun entousiasme pèr li causo prouvençalo *un caprice inesplicable*. Ansin, de-segur, dèu parèisse à proun de gènt, e belèu meme à vautre. Vole dounc vuei vous dire, pèr uno bono fes, la resoun d'aquéu refoulèri que me sèmblo mai-que-mai naturau.

» Sus touto causo, ame, iéu, la bèuta, ame iéu la frescour; e au mitan de vautre lis ai rescountrado tóuti dos. Coume à-n-uno amo pouëtico agrado mai uno virginello puro, cando e braveto em'un alen prefuma e de senet que pounchejon, — qu'uno damasso qu'estalouiro de charme mai gaiard o un gàubi mai savènt, vous atèste, iéu que vous parle, que me plais mai vosto deliciouso lengo, vosto jouino literaturo qu'aquelo de bèn d'àutri pople mai maduro e mai estimado. Ansin, ame lou boutoun de roso mai que la roso espandido en plen, l'aubo emé soun eigagno mai que la caumo de miejour.

» Crese dins l'audàci que fai de miracle; crese qu'au plus aut l'on aspiro, au plus aut l'on arribo. I'a de long mes que cridave entre iéu : « Velaqui lou Parnasse prouvençau! Es aut, segur, e es escalabrous, mai pamens fau que l'escale! » E cridave tambèn : « Velaqui la *Branco dis aucèu* subre la cimo de l'aubre felibren! mai se me desoungle, sara pas de-bado : au-mens ajougneirai soun vesinage. » E dempièi murmurave à la Muso de Prouvènço : « O Bello, o Bello! noun sies pèr iéu qu'uno meirastro, e naturalamen noun m'ames; mai te perse-

voudrais rendre avec toute la ferveur de mon âme...
Un journaliste de votre pays (je ne sais lequel) s'est
plu à qualifier mon enthousiasme pour les choses
provençales de *caprice inexplicable*. Ainsi, sans
doute, doit-il paraître à bien des gens, et peut-être
même à vous autres. Je veux donc aujourd'hui,
pour une bonne fois, vous dire la raison de cette
fantaisie qui me semble très-naturelle.

» Au-dessus de toutes choses, j'aime la beauté,
j'aime la fraîcheur ; et au milieu de vous je les ai
rencontrées toutes deux. Comme pour une âme
poétique a plus d'attrait une vierge pure, candide
et gentillette, à l'haleine embaumée et à gorge
naissante, que la grande dame qui étale des char-
mes plus robustes ou une grâce plus savante, je
vous atteste, moi qui vous parle, que votre délicieuse langue, que votre jeune littérature me
plaisent plus que celles de beaucoup d'autres peuples, bien qu'elles soient plus mûres et plus esti-
mées. De même, j'aime le bouton de rose plus que
la rose pleinement épanouie, l'aube avec sa rosée
plus que la touffeur de midi.

» Je crois dans l'audace qui fait des miracles, et je
crois que plus haut on aspire, plus haut on arrive.
Il y a de longs mois que je criais dans mon cœur :
« Le voilà, le Parnasse provençal ! Il est haut, certai-
nement, et escarpé, mais pourtant je l'escaladerai ! »
Et je criais aussi : « La voilà, la *Branche des oiseaux*,
sur l'arbre félibrique ! Mais si j'use mes ongles, ce
ne sera pas en vain ; j'atteindrai au moins ses appro-
ches. » Et depuis je murmurais à la Muse de Provence : « O Belle, ô Belle ! tu n'es pour moi qu'une
marâtre, et naturellement tu ne peux m'aimer ;

guirai de-longo ounte que vagues. Es poussible, paure desgaubia, que chaupiron mi pèd e qu'estrasson ta raubo lusènto, e que m'aluques, tu, emé desden, emé coulèro ; mai pamens à la longo, en vesènt moun amour e mis iue plen de languitòri, me prendras dins ti bras, o Rèino, e me moustraras fièramen à la nacioun prouvençalo coume un de si fièu nouvèu-na. »

» Espère que me perdounarés aquelo croio, o Felibre ! « Podes pas faire acò, disié quaucun à Mirabèu, voste coumpatrioto, es impoussible.... » — « Impoussible ? cridè lou gigant. Acò es un mot de bèsti ! » Ansin iéu : noun siéu ome à me countenta de faire lou catoun que barrulo autour de la taulo e miaulo après li briso que podon ie jita ; e vole pas nimai m'asseta sèmpre avau entre li ràfi. Moun ambicioun, ami, es de me vèire souto lou pàli, à dre di majourau e di mèstre, chourlant lou vin de Diéu entre mis egau ! »

Lou felibre irlandés a tengu sa paraulo, e veici qu'au-jour-d'uei, souto lou galant titre de *Parpaioun blu,* publico en Avignoun lis essai prouvençau de soun estranjo muso.

VI

Certo, se i'a 'n óumage que nous enourguligue, e uno counvicioun que nous pousquèsse enaura, es de vèire un gentilome, que dins sa mais je te poursuivrai sans relâche où que tu ailles. Peut-être, pauvre maladroit ! mes pieds fouleront-ils et déchireront-ils ta robe éclatante, et peut-être me regarderas-tu avec dédain, avec colère ; mais pourtant, à la fin, en voyant mon amour et mes yeux pleins de langueur, tu me prendras dans tes bras, ô Reine, et tu me montreras avec fierté à la nation provençale comme un de tes fils.

» J'espère que vous me pardonnerez cette présomption, ô Félibres ! « Tu ne peux pas faire cela, disait quelqu'un à Mirabeau, votre compatriote, c'est impossible... » — « Impossible, s'écria le géant, est un mot stupide ! » Tel est aussi mon avis : je ne suis pas homme à me contenter de faire comme le chat qui rôde autour de la table et miaule après les miettes que l'on peut lui jeter ; et je ne veux pas non plus m'asseoir toujours en bas au milieu des valets. Mon ambition, amis, est de me voir sous le dais, en face des chefs et des maîtres, humant le vin de Dieu entre mes égaux ! »

Le *félibre* irlandais a tenu sa parole, et voici qu'aujourd'hui, sous le gracieux titre de *Papillons bleus,* il publie en Avignon les essais provençaux de sa muse étrangère.

VI

Certes, s'il est hommage qui nous enorgueillisse, et s'il est conviction qui pût nous exalter, c'est de voir un gentilhomme, qui, dans sa propre

propro lengo es pouèto requist e qu'adouto plenamen la nostro, e l'ounouro en publi de soun afougamen.

Despièi Richard, lou bon rèi d'Anglo-terro, que, presounié d'Austrio, desgounflavo coume eiçò sa lagro en prouvençau :

> Or sachan bèn miei hom e miei baron,
> Anglés, Norman, Peitavin e Gascon,
> Qu'ieu non ai ja si paure companhon
> Que, per aver, lo laissès en prezon.
> Faire reproch, certas, ieu voli non,
> Mas sui dos hivers pres.

Despièi lou rèi Richard Cor-de-Lioun, noun s'èro vist Anglés, ni estrangié d'ounte que fugue, canta dins nosto lengo autant poulidamen.

Moun Diéu! vous avouan qu'à certànis espressioun pau famihiero, à certànis inversioun, à certàni maniero de rèndre sa pensado, se recounèis que lou noble escrivan es nascu liuen d'eici; mai, d'un autre coustat, fau dire, en recoumpènso, que la manco d'abitudo a sauva soun estile de la vulgarita que desgràcio en Prouvènço bon noumbre de rimaire ; e la peno qu'a sùbi en aprenènt la lengo dins li bons autour, e subre-tout dins li vièi Troubadour, a auboura sa formo à-n-uno autour gaire coumuno.

langue, est poëte distingué, adopter pleinement la nôtre et l'honorer en public de sa ferveur.

Depuis Richard, le bon roi d'Angleterre, qui, prisonnier d'Autriche, exhalait comme suit sa douleur en provençal :

Or, sachent bien mes barons et mes hommes, — Anglais, Normands, Poitevins et Gascons, — que moi, jamais, je n'eus compagnon si pauvre — que, pour argent, je laissasse en prison. — Certes, je ne veux pas, moi, leur faire reproche, — mais voilà deux hivers que je suis pris !

Depuis le roi Richard Cœur-de-Lion, on n'avait pas vu d'Anglais, ni d'étranger quelconque, chanter si gentiment dans notre langue.

Mon Dieu ! nous avouons qu'à certaines expressions peu familières, à certaines inversions, à certaines manières de rendre sa pensée, on reconnaît que le noble écrivain est né loin du terroir ; mais, d'un autre côté, et en compensation, il faut dire que le manque d'habitude a préservé son style de la vulgarité qui dépare en Provence bon nombre de rimeurs ; et la peine qu'il s'est donnée en apprenant la langue dans les bons auteurs, et surtout dans les vieux Troubadours, a élevé sa forme à une hauteur peu commune.

Quant au founs meme de la pouësio, declaran sèns façoun que li pouèto óuriginau, galoi, franc, vigourous, e pensatiéu, e magnifi, coume noste William, dins que país que fugue, noun se comton à dougeno.

VII

Pamens, à noste avis, la meiouro pèço de M. Wyse se trovo pas dins soun recuei; anas vèire.

Au mes de Mai passa, li troubaire dóu Miejour e de la Catalougno reçaupien, estouna, lou counvit seguènt :

« Moussu,

« Amourousi que siéu, despièi lònguis annado, de la bèuta vierginello emai de la voio sanico de nosto nouvello literaturo d'O; abrama sènso mesuro de moustra davans lou mounde ma simpatìo prefoundo e moun caud entousiasme pèr la meravihouso reneissènço di letro roumano, m'es vengu l'ispiracioun de semoundre i cepoun e i mai afeciouna d'aquéu bèu mouvemen, esparpaia dins li vilo e li campèstre dóu Miejour, uno óucasioun de se réuni de tout caire, en uno fèsto franco, freirouso e pouëtico. Prene dounc la liberta de vous counvida, Moussu, coume fidèu cepoun e afeciouna marcant de la noblo e santo causo que nous es à cor, à-n-un galoi banquet

Quant au fond même de la poésie, nous déclarons sans aucune façon que les poëtes originaux, joyeux, francs, vigoureux, et pensifs, et magnifiques, comme notre William, en quelque pays que ce soit, ne se comptent point par douzaines.

VII

Pourtant, à notre avis, la meilleure pièce de M. Wyse ne se trouve pas dans son recueil. Vous allez voir.

Au mois de Mai passé, les trouvères du Midi et de la Catalogne recevaient, étonnés, l'invitation suivante :

« Monsieur,

» Amoureux que je suis, depuis longues années, de la beauté virginale et de la vigueur saine de notre nouvelle littérature d'Oc; désireux infiniment de montrer devant le monde ma sympathie profonde et mon brûlant enthousiasme pour la merveilleuse renaissance des lettres romanes, il m'est venu l'inspiration d'offrir aux plus ardents soutiens et partisans de ce beau mouvement, épars dans les cités et les campagnes du Midi, une occasion de se réunir de partout en une fête franche, poétique et fraternelle. Je prends donc la liberté de vous convier, Monsieur, comme soutien fidèle et partisan distingué de la noble et sainte cause qui nous est à cœur, à un joyeux ounte pourrés, à-bèl-èime acampa pèr la man lis amistóusi man di counfraire, e turta coume se dèu e francamen lou vèire simpatique, entre l'estrambord di bèlli pensado. La *Felibrejado* aura lio lou jour benastru de l'Ascensioun, lou 30 d'aquest mes de Mai, souto l'oumbrino fresco dóu castèu de Font-Segugno, tant couneigu deja dins nosto istòri literàri.

» Lis ami que voudran bèn nous ounoura de sa coumpagno, soun prega de grand cor de se presenta la vèio dóu jour designa, encò dóu felibre Mathieu (*Hôtel du Louvre*), que i'adoubara, en moun noum, uno ouspitalita coumplèto de tres jour en vilo d'Avignoun, aquelo cièuta famouso, tant digno d'èstre vuei la capitalo dóu Gai-Sabé. Moussu, counservas-vous!

» WILLIAM C. BONAPARTE-WYSE. »

VIII

Trento pouèto, fino flour dóu Gai-Sabé, respoundeguèron au rampèu : n'en vengué d'Avignoun, de Sant-Roumié, de Carpentras, d'Eiguiero e de Bèu-caire, e d'Ais, e de Seloun, e de Touloun, e de Marsiho ; n'en arribè de Nimes, de Beziés, de Toulouso ; n'en arribè de Barcilouno, à travès di mountagno e de la mar.

Lou festenau durè tres jour : lou proumié jour à Font-Segugno (castelet gai ounte es nascu lou Felibrige, i' a tout-aro quinge an, dins un banquet où vous pourrez, d'un coup et à cœur joie, presser dans votre main les amicales mains des confrères, et heurter comme il faut et franchement le verre sympathique, dans l'enthousiasme des belles pensées. La *Félibrejade* aura lieu le bienheureux jour de l'Ascension, le 30 de ce mois de Mai, sous les ombrages frais du castel de Font-Ségugne, si connu déjà dans notre histoire littéraire.

» Les amis qui voudront bien nous honorer de leur compagnie sont priés de grand cœur de se présenter, la veille du jour désigné, chez le félibre Mathieu (Hôtel du Louvre), qui leur préparera, en mon nom, une hospitalité complète de trois jours en ville d'Avignon, cette cité fameuse si digne d'être aujourd'hui la capitale du Gai-Savoir. Monsieur, conservez-vous !

» WILLIAM C. BONAPARTE-WYSE. »

VIII

Trente poëtes, fine fleur du Gai-Savoir, répondirent à l'appel : il en vint d'Avignon, de Saint-Remi, de Carpentras, d'Eyguières et de Beaucaire, et d'Aix, et de Salon, de Toulon et de Marseille ; il en arriva de Nîmes, de Béziers, de Toulouse ; il en arriva de Barcelone, à travers les montagnes et la mer.

Le festival dura trois jours : le premier jour à Font-Ségugne (gai châtelet où est éclos le Félibrige, voilà bientôt quinze ans, dans un entousiasme de jouvènço e au clar risoulet de nòbli damisello); lou segound jour à la Font de Vau-cluso, pèr ounoura Petrarco e Lauro (Petrarco, lou darrié e lou plus grand di Troubadour, — Laureto de Prouvènço, ideau de bèuta); e lou tresen en Avignoun.

En Avignoun, sieguè superbe; à Vau-cluso, resplendènt; mai vès, à Font-Segugno, sieguè 'n chale, un paradis sus terro.

Sarié tout un pouèmo, e un pouèmo espetaclous, se falié pèr lou menu racounta li meraviho e li bonur d'aquelo fèsto : — e l'arribado triounflanto, emé lou bèu soulèu de Mai, au castelet delicious ; — e l'ournamen de la grand salo, ounte, à l'oumbro di bandiero de Catalougno e de Prouvènço, trelusissié, courounado de flour, uno taulo d'aram que lou felibre Anglés avié aducho d'Anglo-terro, e que pourtavo gravado aquesto estrofo :

> *Lengo d'amour, se i' a d'arlèri*
> *E de bastard, ah! pèr sant Cèri!*
> *Auras dóu terradou li mascle à tout cousta;*
> *E tant que lou mistrau ferouge*
> *Bramara dins li roco, — aurouge,*
> *T' apararen à boulet rouge,*
> *Car es tu la patrìo e tu la liberta !*
>
> (CALENDAU, C. IV.)

enthousiasme de jeunesse et au sourire clair de nobles demoiselles); le second jour à la Fontaine de Vaucluse, pour honorer Pétrarque et Laure (Pétrarque, le dernier et le plus grand des Troubadours ; Laurette de Provence, idéal de beauté); et le troisième en Avignon.

En Avignon, ce fut superbe ; à Vaucluse, splendide ; mais, voyez-vous, ce fut, à Font-Ségugne, un charme, un paradis sur terre.

Ce serait tout un poème, et un poème prestigieux, s'il fallait en détail raconter les merveilles et les bonheurs de cette fête : — l'arrivée triomphante, par le beau soleil de Mai, au délicieux castel ; — et l'ornementation de la grand'salle, où, à l'ombre des bannières de Catalogne et de Provence, étincelait, couronnée de fleurs, une table d'airain que le félibre anglais avait apportée d'Angleterre, et qui portait gravée cette strophe :

Langue d'amour, s'il est des fats — et des bâtards, ah! par Saint Cyr! — tu auras du terroir les mâles à ton côté; — et tant que le Mistral farouche — bramera dans les roches, — ombrageux, nous te défendrons à boulets rouges, — car c'est toi la patrie et toi la liberté!

(CALENDAL, C. IV.)

XXX

— e quand li Prouvençau, emé li Catalan (entre li quau brihavo, e pèr sa pouësìo e pèr soun elouquènci, En Victor Balaguer), dins de vers e de brinde courau, entousiasto, se saludèron fraire e lausèron à-de-rèng l'embessounado glòri de si davancié ; — e quand, en plen banquet, nous arribè lou brinde e l'ardènto acoulado di bràvis estudiant de Paris ; — e quand lou counvidaire, apoustroufant lis oumbro di troubaire mort (di quau li noum, courouna de lausié, resplendissien escri sus li muraio de la salo), faguè coume eiçò :

« CHERS AMIS DE CATALOGNE,
» FÉLIBRES DE PROVENCE !

» C'est une chose bien reconnue des psychologistes que le tempérament poétique est sujet parfois à des superstitions particulières et à des hallucinations spéciales. Notre grand poëte, Lord Byron, par exemple, ne voulait jamais commencer un voyage, par mer ou par terre, le vendredi. Alfieri, si je m'en souviens, changeait ordinairement ses projets, si par hasard il rencontrait en chemin une chatte noire. Mon bon ami Victor Balaguer fronce le sourcil, lorsqu'il voit à main gauche voler des corbeaux. Et Frédéric Mistral, qui est là à mon côté, tremble comme une feuille de peuplier devant l'effrayant numéro treize ! Moi-même, d'habitude si sceptique, je me sens, à cette

— et quand les Provençaux, avec les Catalans (parmi lesquels brillait, et par sa poésie et par son éloquence, Don Victor Balaguer), dans des vers et des toasts cordiaux, enthousiastes, se saluèrent frères et louèrent tour à tour la gloire jumelée de leurs ancêtres ; — et lorsque, en plein banquet, nous arriva le brinde et l'ardente accolade des braves étudiants de Paris ; — et lorsque l'amphitryon, apostrophant les ombres des Troubadours morts (dont les noms, couronnés de lauriers, resplendissaient écrits sur les murs de la salle), prononça ces mots :

« CHERS AMIS DE CATALOGNE,
» FÉLIBRES DE PROVENCE !

» C'est une chose bien reconnue des psychologistes que le tempérament poétique est sujet parfois à des superstitions particulières et à des hallucinations spéciales. Notre grand poëte, Lord Byron, par exemple, ne voulait jamais commencer un voyage, par mer ou par terre, le vendredi. Alfieri, si je m'en souviens, changeait ordinairement ses projets, si par hasard il rencontrait en chemin une chatte noire. Mon bon ami Victor Balaguer fronce le sourcil, lorsqu'il voit à main gauche voler des corbeaux. Et Frédéric Mistral, qui est là à mon côté, tremble comme une feuille de peuplier devant l'effrayant numéro treize ! Moi-même, d'habitude si sceptique, je me sens, à cette occasion, saisi d'une impression exceptionnelle qu'on pourra, certes, nommer superstitieuse. Je crois, Messieurs, apercevoir en ce moment, planant là-haut au-dessus de nos têtes et se pressant dans cette salle de festin, les ombres vénérables de nos devanciers de tout temps dans le Gai-Savoir. Je t'entrevois, Bernard de Ventadour, toi qui pris ton essor, en chantant comme l'alouette, dans le ciel de l'amour. Te voilà là-haut, Guillaume de Poitiers, toi qui fus toujours, quoique comte et prince, comme tout vrai provençal, *cascarelet* et *galejaire!* Peire Vidal est aussi avec nous, lui qui porte jusqu'à l'extrême l'exaltation chevaleresque, et Cardinal, le satyrique redouté qui, s'il vivait encore, ferait sans doute claquer son fouet terrible sur ces esprits étroits qui voudraient étouffer notre étoile renaissante... Tous vous contemplent ô Félibres, avec admiration, et, silencieux, vous rendent grâces. Poëtes de la première Renaissance, vous aussi, je vous salue! Impétueux La Bellaudière, pétillant Goudouli, et toi, naïf Saboly, et toi, puissant rieur languedocien, ô abbé Favre! Je vous salue, anciens poëtes catalans! Ausias March! Jordi de San Jordi, et tous les autres! Et planant plus près de nous et penchant vers nous leurs fronts, ces vieux amis, qui luttaient hier à nos côtés, mais qui habitent maintenant les splendeurs de la vie nouvelle... Voyez-les! Castil-Blaze, Jasmin, Adolphe Dumas, et Antoinette de Beaucaire que nous chantâmes tous sur sa tombe! Si donc votre présence n'est pas une illusion, ombres augustes! venez vous joindre à nous dans un *brinde* solennel; et pendant que nous humons

« occasion, saisi d'une impression exceptionnelle
« qu'on pourra, certes, nommer superstitieuse. Je
« crois, Messieurs, apercevoir en ce moment, planant
« là-haut au-dessus de nos têtes et se pressant dans
« cette salle de festin, les ombres vénérables de nos
« devanciers de tout temps dans le Gai-Savoir. Je
« t'entrevois, Bernard de Ventadour, toi qui pris ton
« essor, en chantant comme l'alouette, dans le ciel
« de l'amour. Te voilà là-haut, Guillaume de
« Poitiers, toi qui fus toujours, quoique comte et
« prince, comme tout vrai provençal, *cascarelet* et
« *galejaire!* Peire Vidal est aussi avec nous, lui qui
« porta jusqu'à l'extrême l'exaltation chevaleresque ;
« et Cardinal, le satyrique redouté qui, s'il vivait
« encore, ferait sans doute claquer son fouet terri-
« ble sur ces esprits étroits qui voudraient étouffer
« notre étoile renaissante... Tous vous contemplent,
« ô Felibres, avec admiration, et, silencieux, vous
« rendent grâces. Poëtes de la première Renaissance,
« vous aussi, je vous salue! Impétueux La Bel-
« laudière, pétillant Goudouli, et toi, naïf Saboly,
« et toi, puissant rieur languedocien, ô abbé Favre!
« Je vous salue, anciens poëtes catalans! Ausias
« March! Jordi de San Jordi, et tous les autres! Et
« planant plus près de nous et penchant vers nous
« leurs fronts, ces vieux amis, qui luttaient hier à
« nos côtés, mais qui habitent maintenant les splen-
« deurs de la vie nouvelle... Voyez-les! Castil-Blaze,
« Jasmin, Adolphe Dumas, et Antoinette de Beau-
« caire que nous chantâmes tous sur sa tombe!
« Si donc votre présence n'est pas une illusion,
« ombres augustes! venez vous joindre à nous dans
« un *brinde* solennel; et pendant que nous humons

le nectar des Félibres, portez, vous, à vos lèvres invisibles vos coupes débordadu ntes vin de Dieu... Buvons, amis, à l'*Ascensiondu Félibrige !*

— e quand tout lou vilage, envahissènt lou pargue, embrassè li pouèto dins uno farandoulo de joio e de bèuta, coume au tèms de l'Age d'or ; — e quand la farandoulo, graciousamen menado pèr la jouino e tant gènto Madamo Bonaparte-Wyse, emé tóuti li Felibre dansant alegramen au son dóu tambourin que toucavo Vidau, se degrunè à jour fali souto li roure ; — e quand enfin, dins lou cèu founs, desmesura, parpelejèron lis estello, e qu'i refrin d'amour, de liberta e de patrio, li roussignòu tranquile mesclèron sa cansoun...

IX

Moun bèl ami de cor, moun noble William, te tourne à dire, iéu, que lis àuti pensado e li grand sentimen qu'espeliguèron aquéu jour à Font-Segugno, e que de Font-Segugno s'envoulèron pèr lou mounde, vai, pos li coumta au noumbre de ti *Parpaioun blu.*

F. MISTRAL.

Maiano, 7 de Jun, 1867.

le nectar des Félibres, portez, vous, à vos lèvres invisibles vos coupes débordantes du vin de Dieu... Buvons, amis, à l'*Ascension du Félibrige !* »

— et quand tout le village, envahissant le parc, embrassa les poëtes dans une farandole de joie et de beauté, comme au temps de l'Age d'or ; — et quand la farandole, gracieusement conduite par la jeune et charmante Madame Bonaparte-Wyse, avec tous les Félibres dansant allègrement au son du tambourin que Vidal battait lui-même, s'égrena, au crépuscule, sous les rouvres ; — et lorsque, enfin, dans le ciel profond, immense, les étoiles clignotèrent, et qu'aux refrains d'amour, de liberté et de patrie, les rossignols tranquilles mêlèrent leur chanson...

IX

Mon bel ami de cœur, mon noble William, je te répète, moi, que les hautes pensées et les grands sentiments éclos à Font-Ségugne dans ce jour, et qui de Font-Ségugne s'envolèrent par le monde, va, tu peux les compter au nombre de tes *Papillons bleus.*

F. MISTRAL.

Maillane, 7 juin, 1867.

A MOUN LIBRE

Coume ai vist à Valènço, à la fèsto d'Abriéu, *
De rigau, de quinsoun e de cardelineto,
  Encadena 'mé d'escaleto,
Descadena subran en l'ounour dóu Bon-Diéu,
  Ansin voudriéu
Deliéura de la ret vòsti lusèntis alo,
E vous alarga tout coume un vòu de belu,
Parpaioun de ma liro, o mi Parpaioun Blu !

Zóu dounc i Prouvençau! zóu dounc i Prouvençalo !
Pausas-vous un pauquet sus li cor espandi
  De mis ami ;
 E se quaucun vous represènto
Que pèr vous noun flouris la flour di Jo Flourau,
  Respoundès-ie que vous fai gau,
E qu'invinciblamen, pauret ! vous atalènto
Lou parla melicous de Mirèio la gènto
  E dóu fièr Calendau !

   Castèu de Wooley Hill, Bradford-on-Avon, Anglo-terro.
     14 d'Abriéu, 1867.

* Vèire li noto à la fin dóu libre.

LI PARPAIOUN BLU

RETOURNARAI

A JOUSÈ ROUMANILLE

Tant ai de souvenènço
De ta terro, o Prouvènço,
  Que ie tournarai,
Coume au cèu de Jouvènço,
Coume au cèu de Jouvènço,
  I bèu jour de Mai.

Quand la roso boutouno,
Que-noun-sai galantouno,
  Au pèd dóu Ventour;
Que li sen di chatouno,
Que li sen di chatouno
  Gounflejon d'amour.

Alor, souto la triho,
Emé tu, Roumaniho,
  Tant dous e tant gai,
Pèr lis iue de ma mìo,
Pèr lis iue de ma mìo,
  Encaro béurai.

Di Felibre i regalo,
Cantant coume cigalo,
   Encaro un bèu jour
Voularai sus lis alo,
Voularai sus lis alo
   Di Rire e di Plour.

Em'aquelo amo bello,
Mai que nèu blanquinello,
   Que l'Amour fidèu
De si roso enmantello,
De si roso enmantello,
   Lou caste Aubanèu.

E peréu 'mé l'amaire
Dóu bon vin, lou cantaire
   Dóu poulit *Catoun*,
Qu'espandis de tout caire,
Qu'espandis de tout caire
   Si savènt poutoun.

E 'mé Mistrau!... car, Niho,
De Mistrau la patrìo
   Me veira lèu-lèu
Sus li piue dis Aupiho,
Sus li piue dis Aupiho
   Cantant lou soulèu.

Loundre, 28 de Janvié, 1861.

L'AVUGLO DI BAUS

La caro de Leloun, jouino avuglo baussenco,
Tant lusis de bonur, tant de joio maienco,
Vesès, que l'enfantoun, quand sautejo au soulèu,
Es mens benura qu'elo en soun triste toumbèu.

Mai sa gauto, de-fes, me parèis touto palo,
E tremolo sa voues coume un cant de cigalo ;
E sèmblo avé regrèt dóu grand cèu estela,
E dóu clar trelusènt, e dóu roucas pela.

Vai, ploures pas, Leloun ! vai, ploures pas, chatouno,
Pèr l'auceloun que volo o la flour que boutouno ;
Car lou Bèu, lou Courous, lou Grand e lou Verai,
Es l'amo, e noun pas l'iue, que n'acampo li rai.

Lou niéu envirounant toun amo clarinello
Es un eissame pur d'angeloun, verginello,
E soun escuresino es un divin cledis
Pèr escarta la serp liuen de toun paradis.

A CATULE

SUS LA PÈÇO DOU *CATOUN* [1].

Ai! Catule, ai! ai! ai! pouèto di poutoun
De toun enfant Mathiéu lou poulidet catoun,
Pèr ma fisto, a manja l'auceloun de Lesbio,
E l'amaire de Zino a fa ploura ta mio!

LA BARTALASSO [2]

Anon-s'en, li chatouno, au prat cerca de flour!
  Li jouvènt anon-s'en à la casso!
Quant à iéu, anarai me jaire tout lou jour
  A l'oumbrage de la Bartalasso,
    Dóu matin à l'ahour,
  Sus la tepo de la Bartalasso.

A moun couide, lou vin dóu Felibre Mathiéu [3];
  Dins moun cor, de revacioun bello;
A-bèl-èime bevènt, escoutarai peréu
  Dóu grand Rose la voues bramarello,
    Que fai coume Mourfiéu,
  E me barro plan-plan li parpello.

Gràndis aubo argentino e qu'agito lou vènt,
  Ameisas lou soulèu que dardaio!
Bèn me plais dóu passat l'espetacle lusènt
  Qu'eilalin à mis iue se miraio,
    E lou tablèu vivènt
  Que se vèi dins lou flume que raio.

En fàci es Avignoun, rèino que s'espoumpis
  Dins sa raubo d'or pur e de sedo;
E lou Palais di Papo, eilamount, que brunis,
  Aut coume uno inmènso rancaredo
    Ounte l'aiglo a soun nis,
  Rancaredo! e redo soulitàrio

O, li chato, anon-s'en au prat cueie de flour!
 Li jouvènt, anon-s'en à la casso!
Quant à iéu, anarai me jaire tout lou jour
 A l'oumbrage de la Bartalasso,
  Dóu matin à l'ahour,
 Sus la tepo de la Bartalasso.

Car éu noun es fournigo o chivau lougadié
 Que travaio e qu'à l'obro noun calo, —
Lou pouèto! A la proso anon li prefachié!
 Lou pouèto es de raço reialo;
  Lou lesi, la foulié
 Soun pèr éu de pouderóusis alo!

I'a 'n tèms que dóu troubaire e la tèsto e lou cor,
 Trelusènt e lóugié coume nivo,
Devrien èstre, ma fe, de liro de fin or
 I man de la Muso qu'abrivo:
  Quand boufo l'estrambord,
 L'amo dèu s'estalouira passivo.

E coume, dins lou tèms dis alen agradiéu,
 S'abadèiron à la redoulènci
Maienco li pourtau di grand tèmple de Diéu,
 Lis auriho de l'inteligènci
  Dèvon bada peréu
 A touto naturalo influènci.

Car la messo que dis lou prèire benurous
 Es mens santo, se 'no vaigo abiho
Vounvounejo à l'entour de l'autar luminous?
 E lou sounge que t'escarrabiho,
  Troubaire dourmihous,
 Es lou soufle de la Pouësìo!

O!, li chato, anon-s'en au prat cueie de flour !
Li jouvènt, anon-s'en à la casso !
Quant à iéu, anarai me jaire tout lou jour
   A l'oumbrage de la Bartalasso,
    Dóu matin à l'ahour,
  Sus la tepo de la Bartalasso.

MANDADIS A MOUN AMI COUSMOUPOULITE
MICOULAU DE SÉMÉNOW.

Amistous roumancié, lausenjaire valènt
   De la bello vido d'Italìo,
A l'oumbro de tis éuse, ounte alin sies jasènt,
   Iéu te mande moun apoulougìo
    D'aquéu *dous faire rèn*
D'ounte sort l'urouso Pouësìo !

EN ARRIBANT AU VILAGE D'ELLEN [4]

Aquest endré 's Ellen !... Oh ! que moun cor fernis
En sounjant que la migo, emé quau s'espandis
Moun amo, jour e niue, coume roso embaumado,
Es peréu de toun noum, o vileto, noumado.

T'amagant dins ti vigno, au ribas de toun riéu,
Au mitan de ti colo e jardin agradiéu,
Oh ! toujour pauso-te dins toun nisoun de fado,
Dóu soulèu, dóu zefir, refrescado e caufado.

Car me fas souveni d'aquelo qu'ame tant,
De moun Ellen tant douço e de soun senet blanc ;
En ounour de la qualo, o vilo encantarello,
Vole iéu t'apela l'*Uioun de la Mousello* ! [5]

De tóuti li vileto i bord de soun cristau,
Siegues la mai poulido e mai pleno de gau,
Lou sèti mai courous de Bacchus lou cantaire !
Lou vignarés plus car i segnour e troubaire !

O pulèu, gardo, vai, la pas di benura,
Lou dous countentamen, que mai t'embelira ;
Ansin pèr toun repaus semblaras miéus ma bello,
Ma bravo e douço Ellen, ma blanco paloumbello !

LOU PAUMIÉ

Coume lou cèu la terro èro bello e sereno,
Quand, souto un grand paumié s'aubourant de l'areno,
E se pavounejant i dous poutoun de Mai,
S'assetè pèr chima lis alenado leno
Aquelo que tant ame e que sèmpre amarai.

E coume sus li pèço ⁶ ounte uno femo bello
Retrais Jerusalèn que plouro, sounjarello,
Elo me pareiguè pensativo à soun tour ;
Mai liuen d'èstre *cativo*, elo, *counquistarello*,
Apres, e pèr toujour, moun amo e moun amour !

LI DOUS PARPAIOUN BLANC

Coume un fum s'esvalissié l'aurage,
E 'spinchavo, claret, lou soulèu,
Quand dóu bord desmarrant moun batèu,
Iéu vouguère de-long dóu ribage,
      Amourous,
      Benurous,
Alenant lis aureto embaumado,
      Douçamen,
      Tendramen,
Regardant Eleno, moun amado.

D'un aucèu retrasènt lis aleto,
Nòsti remo bacelavon plan,
E n'estilavo de fin diamant,
E cantavon milo cigaleto ;
      Lou lusènt
      Di risènt
Cascaiavo autour de ma poulido,
      E d'un gau
      Sènso egau
La naturo nous semblavo emplido.

A-de-rèng plenamen se desvèlon,
Sus la ribo, de lusènt palai,
E d'arcovo daurado, qu'au rai
Mai-que-mai si mistèri revèlon,

E sèns fin
De jardin,
Miraia dins lis oundo lisqueto,
Fasènt gau
Sènso egau
I vistoun de ma gènto Eleneto.

Mai autour dóu batèu que floutavo,
Dous parpaiounet blanc coume nèu,
Voulastrejavon, urous parèu !
Calignant subre l'aigueto blavo....
Elo : — « Tè, »
Me cridè,
« Ve de nòstis amour lou simbole !... »
— « Preguen Diéu, »
Ie fau iéu,
« Que noste ur coume éli noun s'envole ! »

PENSADO D'UNO NIUE D'ESTIÉU

Liuen de l'Irlando ma patrìo,
Mai que d'un cop me trove enquiet :
Mi pensamen soun pèr ma mìo,
Amoulounado dins soun lie.

M'envole à ma caro chatouno,
E tourne, auceloun pelerin,
De la bèuta que m'envirouno
A la bèuta que rèsto alin.

Moun fenestroun es vers l'aubeto
Entre-dubert touto la niue ;
Mai noun pode trouva pauseto,
E noun pode claure mis iue.

D'amount la luno e lis estello
M'esbarlugon coume un soulèu,
E dóu riéu l'oundo clarinello
Reflèto li piue blanquinèu.

De moun lie lou damas tremolo
Au fernimen dóu ventoulet,
E s'entènd, soulitàrio e molo,
La cansoun dóu roussignoulet.

Liuen, liuen de ma caro patrìo,
Mai que d'un cop me trove enquiet :
Mi pensamen soun pèr ma mìo,
Amoulounado dins soun lie.

Uno man es souto sa fàci,
L'autro es nuso sus lou linçòu;
Soun péu long s'anello emé gràci
A l'entour de soun poulit còu.

Un clar miraio lis image
Di nivo que casso lou vènt:
Es ansin que soun clar visage
Miraio soun amo en dourmènt.

Me veici dounc, dins mi vihado,
Sounjant sèmpre à tu, coume à Diéu!
E te vaqui, ma bèn-amado,
Dins ti sounge, vihant sus iéu!

LA PESCARELLO

CLARUN DE LUNO

I

S'aubouron coume uno paret,
Alignado, li piboulo,
En ribo dóu riéu que coulo..

E soun fuiage bouleguet
Vai emé la tremour queto
Dis estello belugueto.

E s'espassejant, au mitan
De si sorre lis estello,
Eilamoundaut, sounjarello,

La Luno camino plan-plan
Coume rèino qu'envirouno
Bèl eissame de chatouno.

E dóu grand flume lou lagas,
E li cimo di mountagno,
E li boutoun di baragno,

E li fantasti castelas,
E li plano emblanquesido,
E li vileto endourmido

Esbrihon tóuti coume l'or,
Coume l'argent o l'evòri,
Dins un bèu mantèu de glòri :

Ço que fai espandi moun cor
E moun sang alumo, atiso,
E mi rève emparadiso.

II

Canton lou dous murmur dóu riéu,
L'aigo rousigant la ribo,
Lou ventoulet dins li pibo :

Mai, ni soun murmur pensatiéu,
Ni dóu flot la farandoulo,
Ni lou parla di piboulo,

M'agrado coume ta cansoun,
O chatouno pescarello,
Que, souleto e cantarello,

E dins ta barco d'assetoun,
Me revertes souvenènço
Di vièi jour de la Prouvènço,

Quand regnavon li Berenguié,
E que sus touto la terro
L'alegresso èro prouspèro;

E que li mèstre en Gai-Sabé
Èron sòci, ami, coumpaire
Dóu comte e de l'emperaire...

O, toun dous cant amourousi,
O, toun antico sinfòni,
Touto simple e melancòni,

Ve, me penètro de plesi,
E m'aproufoundis moun amo
Dins un toumple de calamo.

MANDADIS A LA PESCARELLO

A tu, chatouneto, de liuen
Iéu counsacre de ma liro
Un *soulas* que Diéu m'ispiro;

Car ta patrìo a tout moun siuen :
L'ame coume ami sa mìo,
Coume ame la Pouësìo !

LOU FELIBRE DESPATRIA

> Qu'om no sab tan dous repaire
> Com de Rozer troca Vensa,
> Si com claus mars e Durensa,
> Ni on tan fis jois s'esclaric.
>
> P. VIDAL.

Ai ! moun cor noun es eici,
Car moun amo es en Durènço,
Dins la terro de Jouvènço,
Au mitan de mis ami,
De mi bon e dous ami.
Touto causo fino e franco
M'a leissa, mounte aro siéu ;
Cor en coumbour, amo blanco,
L'alegresso, lou Bon-Diéu !

Mai pamens s'escarrabiho
Pereici lou grand soulèu,
E dins sa coupo de nèu
L'ile atiro lis abiho,
Pèr sa bèuta, lis abiho ;
Mai l'estello, mai la flour,
En aquéstis encountrado,
D'àutri rai, d'autro sentour
Me parèisson aflamado.

E bèn souvènt, quand lis iue
De mi counfrairé se plegon,
Alor plan se desboulegon
Mi parpello dins la niue,
Mi pensado dins la niue ;

E m'es siavo souvenènço
De ma bello terro d'or,
E m'es caro mai Prouvènço
Que la chato de moun cor.

Car moun amo es en Prouvènço,
Ai! moun cor noun es eici,
Mai au mitan dis ami,
Dins la terro de Jouvènço,
De cansoun e de Jouvènço...
M'an leissa, mounte are siéu,
Cor en coumbour, amo blanco;
L'alegresso, lou Bon-Diéu,
Touto causo fino e franco.

A travès de la negrour,
Vese alor iluminado
Ti drùdi plano, encantado
Pèr la lus de moun amour,
Douço lus de moun amour;
Sènte ti colo embaumado,
E toun gai souleiet d'or,
Vese ti pibo alignado,
E toun flume fièr e fort.

E tis Aup, e tis Aupiho,
Vàsti bàrri carnela!
E largado pereila,
Ta blavenco mar qu' esbriho,
Coume un clar mirau qu' esbriho;
E ta Camargo, e ta Crau,
E ti vilo, e ti vileto,
E ti tourre qu'au Mistrau
Rounflon coume de troumpeto.

Tout revese niuech-e-jour,
E dins mis auriho dindo
L'acènt de ta lengo lindo,
Que me fai ploura d'amour,
De languimen e d'amour;
Mai, ai! las! moun amo tristo
En van senglut s'espandis
Pèr lou soulas de ta visto,
Coume un quinsoun pèr soun nis.

Digo, o Luno ben-amado!
Tu que daures, en raiant,
D'Avignoun li bàrri blanc,
Emai la Vierge daurado, ⁷
De Dom la Vierge daurado,
Digo-me se mis ami
Au Francés cridon: « Arasso! »
O se rèvon, endourmi,
Dins la verdo Bartalasso.

Luno! oh! digo, en toun camin
Souto la vòuto azurenco,
Sabes terro mai bravenco
Pèr esvarta moun pegin,
Moun espetaclous pegin?
Digo-me bono nouvello
Dóu Païs cascarelet,
De si chat e chato bello,
De si rode e roudelet.

Bèn se porton maire e fraire?
E la pauro rèire-grand,
Que de conte sabié tant?
E Leloun e soun fringaire?
E Margai e soun fringaire?

Es toun pont encaro amount,
Benezet, sus l'aigo sourdo ? [8]
Soun madur, o Cavaioun,
Ti meloun e ti coucourdo ? [9]

Se béu souto l'amourié,
Vuei, lou vin di Coumbo-Masco ? [10]
Pèr lou jour de la Tarasco, [11]
S'es chausi li chivalié,
Priéu, abat e chivalié ?
Dins mi sounge, mi vihado,
Te questioune loungamen,
Mai la lengo que m'agrado
Noun sono que dins moun sen.

Meno bruno de cigalo,
Brusènt dins li pin espés !
Blanc grignoun dóu Vacarés, [12]
Courrènt coume sus lis alo,
De l'Auristre sus lis alo !
Voues de moun bonur passa !
Souveni de ma patrìo !
Me sias sèmpre ben-ama,
Coume lou bais de ma mìo.

Ai ! moun cor noun es eici,
Car moun amo es en Durènço,
Dins la terro de Jouvènço,
Au mitan de mis ami,
Di Felibre mis ami :
Touto causo fino e franco
M'a leissa, mounte aro siéu ;
Cor en coumbour, amo blanco,
Gau, cansoun, amour e Diéu !

LOU PARLA DE PROUVÈNÇO

> Platz mi....
> Lo cantar provensalés.
> FREDERI II.

Se jamai lou grand soulèu,
Resplendènt e bon e bèu,
O se li clàris estello,
Bloundo e siavo e sounjarello,
Pèr la gràci dóu Bon-Diéu
Poudien, à lèi de naturo,
Parla coume vous e iéu,
De-segur sa parladuro
Sarié dins la lengo d'or,
L'idiomo dous e fort,
L'idiomo que regalo,
Dins la lengo prouvençalo.

Se jamai li gènti flour,
Fresco, fino, facho au tour,
Se jamai la roso amado,
Bello, douço, perfumado,
Avien gàubi pèr canta,
Aurien, à lèi de naturo,
La lengo de la bèuta
E de la courtesié puro;
Aurien lou parla pouli
Que me fai, iéu, trefouli
D'alegresso, de jouvènço :
Lou parla de la Prouvènço !

LOU VIN DI FELIBRE

A-N-ANSÈUME MATHIÉU, DE CASTÈU-NÒU-DE-PAPO.

> Un vin reiau, emperiau, pountificau!
> MISTRAL.

A quaucun pèr la canta
Touto causo encantarello,
Lou soulèu e lis estello,
L'aut amour e l'amista,
L'ile blanc, la roso bello,
E la glòri emai lou gau,
E lis iue de Rosobello,
E lou parla prouvençau :
E saras, tu, sens felibre,
  Vin famous!
  Vin courous!
Vin que nous fas de felibre!
  Valènt vin!
  Vin divin!
Vin e neitar di Felibre?

Bèn souvènt survèn à iéu
Un desaire melancòni,
Quand uno isclo dóu Demòni,
M'es la terro dóu Bon-Diéu :

Ta liquour dins moun angòni
Se, pèr asard, beve alor,
Lèu se chanjon en sinfòni
Tóuti mi marrit discord ;
E cansouneje, en felibre :
  Vin famous !
  Vin courous !
Vin que nous fas de felibre !
  Valènt vin !
  Vin divin !
Vin e neitar di Felibre !

Chasque vèire, vin, de tu
Es un pas vers l'Empirèio ;
Au cèu di bèllis idèio,
O, sies un Pegase alu :
Sus tis alo à reflèt rose
Barrule entre de soulèu ;
Coume un lampre dins lou Rose,
Alor nade dins lou Bèu,
E sèmpre cante en felibre :
  Vin famous !
  Vin courous !
Vin que nous fas de felibre !
  Valènt vin !
  Vin divin !
Vin e neitar di Felibre !

A ma visto ta coulour,
Coulour roujo, es benesido ;
Car me sèmblo la lusido,
Me sèmblo l'aubo dóu jour,

O 'no bellasso boulido
D'escarboucle trelusènt
E de perleto liquido,
Miracle de l'Ourient ;
E sèmpre cante en felibre :
  Vin famous !
  Vin courous !
Vin que nous fas de felibre !
  Valènt vin !
  Vin divin !
Vin e neitar di Felibre !

Au poudé de ti poutoun,
Au bonur de ti caresso,
Chasco chato m'es divesso,
Toutjouvènt m'es Apouloun !
E lou mounde miserable,
Qu'à l'infèr s'aproufondis,
M'es un cantoun amirable,
Un cantoun de paradis ;
Alor, te cante en felibre :
  Vin famous !
  Vin courous !
Vin que nous fas de felibre !
  Valènt vin !
  Vin divin !
Vin e neitar di Felibre !

Quénti sounge resplendènt !
Quénti vesioun de vitòri !
Au pountificat de glòri
Ve, Prouvènço, toun Avènt !

Ve, ti vilo e ti campèstre
Toui de cansoun desboundant,
Ti majourau e ti mèstre
Toui de soulèu dardaiant;
E toujour cante en felibre :
  Vin famous !
  Vin courous !
Vin que nous fas de felibre !
  Valènt vin !
  Vin divin !
Vin e neitar di Felibre !

Vese Aurenjo e Tarascoun,
Aro mai que vierginenco ;
Dins sa 'splendour proumierenco,
Ais e la caro Avignoun ;
Vese ta bello Arlatenco
De touto amo emperairis ;
Li nòu Muso cerulenco
Amagado dins toun nis.
Alor te cante en felibre :
  Vin famous !
  Vin courous !
Vin que nous fas de felibre !
  Valènt vin !
  Vin divin !
Vin e neitar di Felibre !

Bacchus es un sant jouvènt ;
Si trufaire soun toui d'ase :
Oh ! coume es bèu sus Pegase,
Si péu d'or i quatre vènt !

E vous dise que lou flasco
Qu'amo mai lou galant diéu
Es aquéu di Coumbo-Masco,
Es lou vin dóu gènt Mathiéu !
Canten dounc, o bon Felibre,
   Soun famous
     Vin courous,
Vin que nous fai de Felibre !
   Soun vin fin,
     Vin divin,
Vin sènso egau di Felibre !

Avignoun, 27 Desèmbre, 1866.

AUBADO

DÓU SIÈCLE DOUGEN

Es tèms, bello Marìo,
Es tèms de nous quita :
L'aubo s'escarrabiho,
Lou soulèu vai mounta...
Adiéu, ma douço mìo !

Autour dóu tourrihoun
  Redoun,
Deja li dindouleto
Voulastrejon, ai ! ai !
E vese sis aleto,
  Sout li rai
Dóu soulèu, belugueto,
  Ai !

Es tèms, bello Marìo,
Es tèms de nous quita :
L'aubo s'escarrabiho,
Lou soulèu vai mounta...
Adiéu, ma douço mìo !

Escoute, sènso gau,
  Lou gau,
Reloge dóu vilage,
Qu'au grand trelus, ai ! ai !

Pèr rèndre soun óumage,
A iéu fai
Grand peno e grand daumage,
Ai !

Es tèms, bello Marìo,
Es tèms de nous quita :
L'aubo s'escarrabiho,
Lou soulèu vai mounta...
Adiéu, ma douço mìo !

Nosto niue, coume un lamp
Brulant,
Paure ! s'es esvalido,
La niue tant bello, ai ! ai !
E ti poutouno avido
Longo-mai
Tendran mi bouco arido,
Ai !

Es tèms, bello Marìo,
Es tèms de nous quita :
L'aubo s'escarrabiho,
Lou soulèu vai mounta...
Adiéu, ma douço mìo !

O ! de me desteta
De ta
Paraulo, segnouresso !
De toun gènt rire, ai ! ai !
De ti tèndri caresso,
M'es bèn mai
Qu'uno malo treitesso,
Ai !

Es tèms, bello Marìo,
Es tèms de nous quita :
L'aubo s'escarrabiho,
Lou soulèu vai mounta...
Adiéu, ma douço mìo !

Quau me dis : Lou soulèu
  Es bèu ?...
A mis iue, o Marìo,
Éu es tout negre, ai ! ai !
E la niue soulo briho
  Mai-que-mai
Ounte ami tèn sa mìo !

Es tèms, bello Marìo,
Es tèms de nous quita :
L'aubo s'escarrabiho,
Lou soulèu vai mounta...
Adiéu, ma douço mìo !

A-N-UN BÈL ENFANT DE BÈU-CAIRE

> A thing of beauty is a joy for ever.
> *Uno causo belasso es toujour uno gau.*
>
> KEATS.

Coume un rai de soulèu au mitan d'uno sourno,
    Tristo cafourno,
Ta caro, bèl enfant, me trèvo, mounte vau,
    E me fai gau ;
Me fai gau, me seguis l'aus d'or de ti trenello,
    E tis iue mai blaven
    Que l'aigo d'un aven,
E de toun pichot biai la gràci riserello.

Quand duerbes ti bouqueto, alenant d'uno flour
    La douço óudour,
Toun bresihage clar es vounvoun de couquiho
    A mis auriho :
Lou brut dóu couquihage es lou resson marin
    De l'oundo meirenalo,
    E ta voues que regalo
Es coume un souveni dóu Paradis, alin !

O raioulet de mèu dintre nosto amaresso !
    Cando alegresso
Intrado sènso pòu dins esto vau de plour
    E de coumbour !

Agnèu sènso pecat au mitan di pecaire !
En Janvié jour de Mai !
Iéu t'ame que-noun-sai,
Mai te plagne tambèn e m'escride : Pecaire !

Que malur, enfantoun, que siegues destina
A t'engana,
A veni, tu, tant pur, coume la moulounado
Empouisounado !
Ai ! ai ! ai ! car l'alen dóu matin es segui
Pèr l'auro treboulanto
E la caumo estoufanto...
E la bèuta de l'ile es astrado à peri !

ESTRAMBORD PRINTANIÉ

O ! quento ispiracioun dins toun plasènt alen,
  Printèms paradisen !
  Atrove dins toun aire
Un chale benesi, coume l'aucèu voulaire,
  Lou trelusènt aucèu,
Au mitan de l'azur e di rai caudinèu
  Dóu grand soulèu.

Mens que tu, de-segur, bevèndo encantarello
  Empuro la cervello ;
  Jamai di vin famous
Noun es lou rèi galoi tant lèst, tant pouderous
  Pèr daura la pensado,
Pèr enchuscla lou cor, coume tis alenado
  Embausemado.

Noun soulamen, de-long di campèstre flouri,
  Printèms, fas espeli
  De gènti courbo-dono,
O de grands ile blanc sus li lusènti lono ;
  Noun soulamen di riéu
Fas foundre li glaçoun, emé tis agradién
  Ventoulet viéu ;

Mai tambèn dins li cor, mai tambèn dins lis amo,
  Fan toun auro e ta flamo
  Espandi milo flour,
Milo flo couladis d'alegresso e d'amour,

E revacioun urouso,
E cant de reneissènço, e pensado courouso
E fresqueirouso.

Li pradello e li vau, o, soun bello toujour ;
E bello soun li flour ;
E li clàris estello,
E li riéu cristalin e l'aigo cascarello ;
Mai pamens te dirai
Qu'is iue dóu troubadour soun bello mai-que-mai,
Au mes de Mai.

Dóu troubadour, alor, l'amo s'escarrabiho,
E talo qu'uno abiho,
Di causo d'alentour
A-bèl-èime s'acampo e la joio e l'amour ;
E, plen de jouïssènço,
Éu se chalo à lesi dins la divertissènço
De la jouvènço.

E coume lou dous Sant que noumè lou soulèu
« Soun fraire, » e que, peréu,
Venien sus soun espalo
Se pausa sènso pòu cardelino e cigalo [13],
Éu se sènt dins lou cor
Uno tèndro calour, un delicious desbord
D'aut estrambord.

Douçamen trefouli, vèi l'agneloun que teto ;
E meme li reineto,
Qu'au ribas di canau
Bramon en sautejant, lou ravisson de gau ;
E l'aubre que boutouno,
E li vòu, subre-tout, li fres vòu de chatouno
Roso e redouno.

Dins uno auto passioun es emparadisa,
   Es d'amour abrasa
   Pèr touto creaturo,
Pèr la terro, e lou cèu, e la santo Naturo
   Qu'aro canto emai ris,
E caligno, e fouguejo, e flouris, e lusis,
   E s'espoumpis.

« Oh! que noun pode, crido, Essènci encantarello
   » De la Naturo bello,
   » Pèr un pichot moumen
» Te vèire, e m'amourra, tresanànt, à toun sen!
   » Oh! fugues-me vesiblo,
» Tu que t'escoundes nuso entre li gràndi piblo,
   » Inacessiblo!

» Que noun pode sarra, verdo terro de Diéu,
   » Toun pitre sus lou miéu!
   » Car ni Vèsto l'amaro,
» Ni la fièro Cibèlo à mi vistoun sies aro,
   » Mai un dous enfantoun,
» Plen de sourrire siau, e que vòu de cansoun
   » E de poutoun! »

AUBADO

DÓU SIÈCLE DOUGEN

> Et am aitan neu com flors.
> P. VIDAL.

Aquesto niue, ma poulido !
Es la niue la mai benido,
Es la grando niue de Jun,
Ounte lou blu calabrun
E la rouginello aubeto,
A travès l'oumbro fresqueto
Se tocon ensèn la man ;
Vuei, touto ramo es flourido,
Touto roso es espandido...
Es la niue dóu grand Sant Jan !

La bello niue de Sant Jan !
Mai, amigo, me regalo
Mens l'esplendour estivalo
Que la sournuro ivernalo,
Quand l'aubeto revèn plan !

Ah ! de quant, ma tant amado !
Me plais mai la niue jalado,
La niue negro de Janvié !
Car l'amaire dins lou lie
De sa tendrino amigueto,
Dóu calabrun à l'aubeto,

Pòu flateja soun cors blanc,
Enterin que la pradello
De nèu mudo s'enmantello
E se cuerb de madrian.

La bello niue de Sant Jan !
Mai, amigo, me regalo
Mens l'esplendour estivalo,
Que la sournuro ivernalo,
Quand l'aubeto revèn plan !

Blanco, douço, gènto dono !
Dono bello, lisco, bono !
Encaro, encaro un poutoun !
Las ! ai ! las ! n'aurai pas proun !...
S'envan, migo, lis estello !
An ! entreno ti trenello,
Que lou piue vai blanquejant :
Deja 's l'ouro de partènço...
Mai t'aurai en souvenènço,
O mignoto, qu'ame tant !...

La bello niue de Sant Jan !
Mai, amigo, me regalo
Mens l'esplendour estivalo,
Que la sournuro ivernalo,
Quand l'aubeto revèn plan !

IDEM ET ALTER

EPIGRAMO

Perqué dire que siéu ingrato emai rebello
  A tis avanço, à ti tèndri poutoun ?...
Se *m'adores,* tu, coume divo bello,
Tambèn iéu *t'adore* — em'un moustachoun [44].

A L'EVESQUE FOUQUET [15]

A M. J. GOUNON-LOUBENS

> Emai Fouquet l'abouminable...
> CALENDAU, C. I.

O, foro, foro de ta glòri !
O, foro, Evesque, dóu palai
Ounte la marrido vitòri,
Ounte di marrit la memòri
Te benurè dins soun esfrai !
Amosso lèu toun aureolo,
Despueio-te de ti bèu rai !
Emai la moulounado folo
T'ague entrouna sus l'auto colo,
Mourdras, Fouquet, li garagai ;
Car ta nacioun, franco de gàbi,
Vai t'apela, d'un noble enràbi,
« L'Abouminable » longo-mai !

Noun es la man de nòsti paire,
De nòsti rèire es pas lou cor,
Mai es lou cor de l'usurpaire,
Mai es la man dis aclapaire,
La man saunouso dóu plus fort
Que t'a douna ta bello plaço
Entre li Sant e Santo d'or ;

Es li bregand de nosto raço,
Tèsto d'ourduro, amo de glaço,
Aucèu de rapino e de mort,
Que d'un jardin qu'èro amirable,
An fa 'n desert abouminable,
D'uno sinfòni un grèu discord.

Tu sies un sant? O serp mitrado!
Tu sies un sant? O flèu d'infèr!
Tu, presicaire de crousado,
Qu'as liéura la patrìo amado
A la furour de Lucifèr!
Tu, qu'en nòsti plano bellasso
As chanja l'estiéu en ivèr :...
Alor, li cacalaus negrasso
Soun de cigalo fouligasso!
E soun d'agneloun li cat-fèr!
Lou blanc lume es abouminable;
E lou Diéu dis ome es lou Diable,
E sis amaire de cafèr!

O, foro, foro de ta glòri!
O, foro, Evesque, dóu palai,
Ounte la marrido vitòri,
Ounte di marrit la memòri
Te benurè dins soun esfrai!
Amosso lèu toun aureolo,
Despueio-te de ti bèu rai!
Emai la moulounado folo
T'ague entrouna sus l'auto colo,
Mourdras, Fouquet, li garagai:
Car ta nacioun, franco de gàbi,
Vai t'apela, d'un noble d'enràbi,
« L'Abouminable » longo-mai!

Fuguères, pèr forço o caresso,
Uno esco proumtò, un dardaïoun,
A l'espetaclouso treitesso,
A l'endemouniado entre-presso
Contro Beziés, contro Avignoun !
Coume lou fum dóu negre abisme
Toun noum pudènt la narro poun,
O faus pountife de l'Autisme,
Qu'as chapla lou patrioutisme
De la Glèiso sus lou cepoun,
Tremudant lou mèu deleitable
Dóu Crist en fèu abouminable,
Brouiant Samarìo e Sioun !

Ounte es ta toumbo ? Que parage
Tèn toun cadabre venera ?
Que vague, iéu, en roumavage,
Gounfle d'estràngi pantaiage,
A cop de pèiro, l'adoura !
Que ie vague amoussa li cire
En toun ounour sèmpre aluba,
Pèr escupi sus tu moun rire,
A grando voues pèr te maudire,
Pèr t'ahi, te descrestiana,
E traire ti relicle au Diable,
O Genouvés abouminable,
O vil troubaire, o Sant dana !

Avignoun, 11 Janvié, 1867.

SUS LOU VALOUN DE VALSPIR

EPIGRAMO

Dous fraire,
Sant Abden e Sennen [16], d'aqueste bèu valoun
Soun li patroun !
Juravon àutri-fes à l'aurouge emperaire
IE ie disien : « Saren jamai lis adouraire
» Dóu bèu
» Soulèu ! »...
Il lioun lou tiran alor li faguè traire.

O Fraire !
Bon, emai tres fes bon, que d'aqueste valoun
Sias li patroun !
Car es tant souleious aqueste bèu terraire,
Que, sèns vous, lou païs sarié 'ncaro adouraire
Dóu bèu
Soulèu,
Que briho coume un diéu perei lamount dins l'aire.

Amèli-di-Ban, Mai, 1865.

A L'IDEALO [17]

A MOUN AMI VINCENTE BOIX, DE VALENÇO

> Ai tan gran gaug qu'ieu follei a sauos.
> R. JORDAN.

Bello de la bèuta de milo e milo estello,
Coume uno niue d'Avoust sies bello, o Roso-bello !
E cènt fes de toun front es mai pur lou countour
Que lou di sen redoun de la Rèino d'Amour.
Es la voues de ti bouco à moun amo amourouso
Un rai meloudious d'eigagno melicouso ;
Es ta caro lusènto à moun cor enchuscla
Talo qu'un mirau lisc à l'aucèu pivela....
    O, ma Roso tant bello !
    Ma douço Roso-bello !
Tu me fas coume un fòu boundela 'mai canta !

Quand te vese, moun cor devèn lèu uno liro,
Ma tèsto uno baudufo, un revoulun que viro ;
Quouro m'aproufoundisse en un tourple de mar,
Quouro m'enaure amount dins un grand soulèu clar ;
D'alegresso aro siéu un abradou terrible ;
En ourlant toumbe pièi de plour un endoulible :
Vuei, me sènte à ti pèd, mouquet e pensatiéu,

Deman, s'acò te plais, escrapouchine un diéu.
   O ma Roso tant bello !
   Ma fièro Roso-bello !
Sies moun ivèr jalèbre e moun brulant estiéu !

E crese, en te vesènt, li lengo de l'Istòri,
Que dóu valènt Amour me vanton li vitòri :
— Que la mort èro rèn, pesado em' uno niue
Dins ti bras, Cleoupatro, au trelus de tis iue [18] ;
— Qu'un jouvènt, Adam Lux, esbrudissié pèr orto,
Se trufant di bourrèu, soun amour d'uno morto [19] ;
— E que Pèire Vidau, calignaire febrous,
Se fasiè cousseja pèr de chinas furious [20]...
   O, ma Roso tant bello !
   Ma douço Roso-bello !
La destrau e lou fio pèr tu me sarien dous !

Aro pode coumprene en moun ardènt estàsi,
Perqué lou parpaioun, senso brigo d'esglàsi,
Perqué vòu, abrama, lou parpaioun alu,
Empega sis aleto au bèu sen d'un belu ;
M' adevène emé vautre, o grands aiglo voulaire,
Qu'avuglon, i 'a de fes, lis esluci de l'aire ;
E blaime pas nimai dins lou brès d'uno flour
L'abiho que s'endor, embriago d'óudour !...
   O, ma Roso tant bello !
   Ma fièro Roso-bello !
Un moumen d'estrambord vau d'enuei milo jour !

Siegues dounc moun estello, e ma roso, e ma mìo !
E pèr tu iéu sarai parpaioun, aiglo, abiho ;
Pèr tu davalariéu li galis infernau,
O bravariéu feroun li terrour dis uiau...

Enmantello-me iéu de ti lòngui trenello,
Que m'abéure i prefum de ta car vierginello !
Vole senti toun cor tresana sout ma man,
Coume un miste aucelet dins la man d'un enfant..
    O, ma Roso tant bello !
    Ma douço Roso-bello !
Iéu siéu fòu !... Noun, siéu sage ! Oh ! t'ame, t'ame tant

I FELIBRE

NOUVÈ

D'aut! d'aut! o quent espetacle
S'esclargis davans mis iue!
D'aut! segur es un miracle
Que se fai aquesto niue!
O niue bello, benurado,
Me fas douçamen langui!
O niue sereno, estelado,
Sies pas facho pèr dourmi!

Levas-vous, Louiset, Antòni,
Lèvo-te lèu, Teodor!
Chut!... li senglut dóu demòni!
Chut!... dis ange lou cant d'or!
Levas-vous, Jóuselet, Roso,
Lèvo-te, car Frederi:
Lou Bon-Diéu, dins uno roso,
Eiçavau vèn d'espeli.

Zóu! li pastre, li pastresso
An deja gagna lou jas:
Dounc, Felibre, Felibresso,
Fau leissa peréu lou mas.
Éli porton de poumeto,
De mèu rous, de nougat blanc,
E nautre, proun cansouneto
Qu'à Jèsu noun despleiran.

Dóu clavèu, ma bono Eleno,
Despènjo moun flahutet;
Frederi, ve toun ourgueno;
Pren, Jóusè, toun galoubet.
Teodor, fas bono mino
A toun bachas, en camin;
Mete ta man mistoulino,
Ansèume, à toun tambourin.

Canten la Vierge Marìo,
Moudèsto coume l'ahour;
L'Enfant que s'escarrabiho,
Bèu coume un boutoun de flour;
Sant Jóusè, que dins un caire
Pico ci man, tout seren;
E tambèn lou biòu bramaire
Que ie boufo soun alen.

Canten l'ase, que foulejo
E chauriho de plesi;
E lou chin que couëtejo
Pèr faire fèsto au Petit;
Vounvounen coume d'abiho,
E piéuten, coume d'aucèu,
La fe, la santo patrìo,
L'amour, lou bonur nouvèu!

Lou bèu jour de Sant Veran, 1865.

L'ANGE E LA CHATO

NOUVÈ

Sounjarello,
De moun fenestroun,
Badave la luno bello,
Environado d'estello,
Peramount,
Quand, vès, la voues clarinello,
Mai-que-mai encantarello,
D'un anjoun
Emé d'alo d'aucèu, m'enmantello.

Cantavo : — « Eila,
Dintre la bòri
De Betelèn, aniue es na
Lou Rèi pouderous, benura,
De glòri.
Éu, o vierge, es vengu dóu cèu,
Coume dins lou sourne un soulèu...
L'Istòri
Dins soun libre d'or n'en parlara lèu.

Forço armado
Soun souto sa man,
E li tron e li jalado
E li pèsto enverinado ;
Entre-tant,
La plasènto souleiado,

O l'óudourouso alenado,
Mai que sang
E mai que li malastre i'agrado.

Soun lou soulèu
E lis estello
Li sèmpre-sounant cascavèu
De sa glòri, que tout lou cèu
Anello ;
Mai de la Terro es tant ami
Qu'aquesto niue vèn de durbi
Parpello,
Dins un pichot jas e di plus marri.

La courouno
Jamai pourtara,
Mai sara rèi, o chatouno,
De la Terro tant redouno ;
E sara
Di tiran lou fièr caucaire,
Di miserable lou paire
Bèn-ama,
E dóu pople lou grand counsoulaire.

Ni 'mé l'escut
Ni 'mé l'espaso
Es voste Sauvaire vengu,
Pèr faire, en trasènt si belu,
La casso
A l'orre Coulobre infernau,
Que sèmpre, cantant coume un gau,
Tirasso
Soun cors verinous pèr orto eiçavau.

Mai, urouso,
Sis armo saran
La paraulo melicouso,
E la caro amistadouso
D'un enfant,
E la blanqueto innoucènci
Emé la santo paciènci,
E, plus grand
Que tóuti, l'amour e lou silènci... »

Ansindo, amount
Cantavo un Ange,
A l'entour de moun fenestroun,
Un cant plen d'alegresso e proun
Estrange,
E me venguè 'n prefum doucet,
Bèn mai suau qu'un prefumet
D'arange,
Quand subre si flour boufo un ventoulet.

LOU VIAGE DI TRES RÈI

NOUVÈ

A TEODOR AUBANEL.

E passo e passo,
Tararo-poun-poun !
E sèmpre passo
La grand Proucessioun !

Dins li coumbo, sus li mourre,
Tararo-poun-poun !
I desert, souto li roure,
Tararo-poun-poun !
Escalant li clapeirolo,
Serpejant emé li riéu,
Barrulant lis àspri colo,
Bóulant li prat agradiéu,

E passo e passo,
Tararo-poun-poun !
E sèmpre passo
La grand Proucessioun !

Quand l'aubo s'escarrabiho,
Tararo-poun-poun !
Quand la luno blounde briho,
Tararo-poun-poun !

Quand lou vènt-terrau gingoulo
 Dins li tourre tracho au sòu ;
Quand la fueio di piboulo
 I ventoulet noun se mòu,

  E passo e passo,
  Tararo-poun-poun !
  E sèmpre passo
  La grand Proucessioun !

Quento noblo cavaucado !
 Tararo-poun-poun !
Quento courouso parado !
 Tararo-poun-poun !
Vese de cavalo blanco,
 E de grand e rous camèu,
Pièi, d'esclau nus fin-qu'is anco,
 D'auberc lusènt au soulèu !

  E passo e passo,
  Tararo-poun-poun !
  E sèmpre passo
  La grand Proucessioun !

E dintre la ribambello,
 Tararo-poun-poun !
Vese coume tres estello,
 Tararo-poun-poun !
Li tres courouno reialo
 Di sage de l'Ourient,
Emé si raubo pourpalo
 Gounflejado pèr lou vènt !

  E passo e passo,
  Tararo-poun-poun !

E sèmpre passo
La grand Proucessioun !

Car an leissa l'Arabìo,
Tararo-poun-poun !
Pèr vesita lou Messìo,
Tararo-poun-poun !
Soun guidoun es un bèl astre
Que li coundus à bon port,
E que sèmblo à toui li pastre
Un aucèu 'mé d'alo d'or.

E passo e passo,
Tararo-poun-poun !
E sèmpre passo
La grand Proucessioun !

Car an quita sa patrìo,
Tararo-poun-poun !
Fidèu à la proufecìo,
Tararo-poun-poun !
A l'Enfant porton d'estreno
D'or, d'encèns e d'ougnemen,
E tambèn uno amo pleno
De fe 'mai de sentimen.

E passo e passo,
Tararo-poun-poun !
E sèmpre passo
La grand Proucessioun !

Peréu nàutri, cambarado,
Tararo-poun-poun !
Jougnen lèu la cavaucado,
Tararo-poun-poun !

Pèr li vau, pèr li mountagno,
   Meten-nous sèmpre en camin,
Dins la joio, dins la lagno,
   Pèr cerca l'Enfant divin !

   E passo e passo,
   Tararo-poun-poun !
   E sèmpre passo
   La grand Proucessioun !

LA MACHOTO

NOUVÈ

AU FELIBRE J.-B. GAUT.

Uno machoto,
Laido, paloto,
Se troubè pèr asard dins un caire dóu jas,
La niue urouso,
Bello, courouso,
Que noste bon Sauvaire espeliguè 'içabas;
E touto en aio,
Liuen d'èstre gaio,
Entre soun bè croucu, souspiravo : « Mourbiéu !
« Noun es poussible,
« Noun es vesible...
« Tout ço que veson clar es tenebrous pèr iéu ! »

Esto machoto,
Laido, paloto,
Cresès-me, n'èro pas segur un tarnagas ;
Di creaturo
La mai maduro,
Elo se cresié masco entre lis aucelas,
E tant badavo,
E tant pensavo,

Qu'enfin parpelejant, se disié : « Sarnibiéu !
« Noun es poussible,
« Noun es vesible,
« Tout ço que veson clar es tenebrous pèr iéu ! »

Pamens, l'estable
Èro amirable,
Èro un palais daura de trelus celestiau ;
De ribambello
D'ange e d'angèlo
Tout autour de sis alo espóussavon d'uiau ;
Mai la machoto
Laido e paloto,
En jurant coume un Turc, miaulavo : « Tron de Diéu !
« Noun es poussible,
« Noun es vesible,
« Tout ço que veson clar es tenebrous pèr iéu ! »

E de pastresso,
De segnouresso,
De troubaire, de rèi, de soudard, de pastras,
De blanc, de negre,
Soun touti alègre
Pèr vèire soun Sauvaire à l'oumbrino dóu jas ;
Mai la machoto,
Laido e paloto,
En se desparpelant, gingoulavo : « Mourbiéu !
« Noun es poussible,
« Noun es vesible,
« Tout ço que veson clar es tenebrous pèr iéu ! »

Forço machoto,
Laido e paloto,

Treboulon, vuei, peréu noste malurous tèm :
Vieje pensaire,
Marrit trufaire,
Que porton sus lou nas de bericle tambèn,
Fasènt de libre
(Noun de Felibre)
Ounte racon de-longo emé verin : « Mourbiéu!
« Noun es poussible,
« Noun es vesible,
« Tout ço que veson clar es tenebrous pèr iéu! »

LA FORÇO DOU SILÈNCI

SOUNET

A MOUN AMI BARCILOUNÉS DON F. PELAY BRIZ.

Coume un agnèu que drom à la bono dóu jour,
O 'n nistoun au sèn caud de sa nourriço amado,
Ajacudo au pendènt d'uno mountagno en flour,
La vilo perabas me parèis encantado :

Cencho d'àuti piboulo e de prat de verdour
Un clar flume serpejo au mitan di terrado ;
Soun, coume un subre-cèu pèr la som de l'Amour,
Li nivo amount fissa de la man d'uno fado.

Uno siavo calaumo, uno douçour de la,
Pèr lou sòu, dins lou cèu, se ressènt : de tout caire
Sort un prefum de Diéu, prefum desparaula,

Que-noun-sai delicious, e mai valènt à faire
Dóu roucas de moun cor lou dous mèu regoula
Qu'un grand councert de liro o 'n vòu de fièr troubaire !

A MOUN AMI S. R.

SUS LA MORT DE SA JOUINO MESTRESSO

SOUNET

Ploures pas, moun ami, se sus la bouco bello
De ta migo pos plus ti bouqueto pausa;
Pèr tu Diéu amistous, e noun encourroussa,
Es vengu te ravi ta blanco paloumbello.

En aquéu siau reiaume, ount rèn pòu debaussa
La Bèn-amado, vuei entrounado es ta Bello,
D'inmourtalo bèuta devengudc aro estello,
Aro roso d'amour que pòu plus s'espóussa.

S'èro vivènto, lèu, lèu pèr tu sarié morto;
Dóu mounde li ventas la couclarien pèr orto,
Dessecant de soun cor lou mèu e la clarour:

Es morto; mai, pamens, elo pèr tu 's vivènto,
Alin trasfigurado en divesso lusènto,
Que rèn pòu desmama de bèuta ni d'amour!

L'ENFANÇO

Sarés jamai esvali
De mi tèndri remembranço,
O bèu tèms de moun enfanço,
Que veirai plus espeli,
Jour de gau, jour d'amistanço!

Jour innoucènt! jour de Diéu
  Ounte iéu,
Em' uno gènto sourreto,
Fouligaudo, belugueto,
Ma sourreto Azalaïs,
Cercavian ensèn lou nis
Dóu rigau o de l'agasso ;
O i parpaioun blanquinèu,
Rouge, blu, vo roussinèu,
Gaiamen fasian la casso...
  Iéu courriéu,
Ardènt, despietous, alabre,
Pèr li prat e pèr li vabre,
Sus li bèsti dóu Bon-Diéu...
Elo (d'acò Diéu la pague
E d'Amour toujour bèn ague!)
Elo, bravo coume un sòu,
Elo toujour avié pòu
De ie peri sis aleto,
Azalaïs ma sourreto !

AU DIÉU DOU SILÈNCI

FANTASIÉ

A F. PELAY BRIZ.

> La bocha tenrai ades en fre.
> PEYROLS.

Diéu que jaises pensatiéu
Sus lou *lotus* blanc dóu riéu ;
Tu de quau lou det se pauso
Sèmpre sus ta bouco clauso :
Fai, o diéu, que lou prefum
De moun cant noun siegue fum,
E que ma fièro jouinesso
Rèste sèmpre a tu soumesso !

D'autre-tèms li sage fort
T'adouravon mai que l'or ;
E mai que l'or, dins noste age,
Sies toujour presa di sage.
Au mitan dis ome fin,
Toun amudamen divin
E ta caro sounjarello
Soun dos causo mai que bello !

I'a 'n verset qu'es bencsi
Dins Sant Jaume, lou veici :

Es un sant lou que se taiso [22];
Voulountié peréu pantaiso
Aquest prouvèrbi moun cor :
Lou parla 's d'argènt, noun d'or ;
O dóu Grè lou mot que briho :
Uno lengo e dos auriho [23].

En memòri de Zenoun
E de Pitagoro, au noum
Dóu pau-parlo fiéu d'Ourtènsi [24],
Largo-me ti doun, Silènci !
E largo-me-lèi, au noum
De l'austère Sant Brunoun
Que bousquè ta quietudo
I plus àspri soulitudo [25] !

Se m'escoutes, te farai
Sacrifice, iéu, i rai
De la luno blanquinello,
Quand la niue tout enmantello ;
O senoun, au miejour siau,
Quand s'amaiso lou Rousau,
E que lou roussignòu chuto,
E que lou grihet noun muto.

Pèr te rèndre óumage grand,
Li mirau creba, mourran
Nòu cigalo de Vau-cluso
Cantant coume li nòu Muso ;
E tacaran toun autar
Vint granouio, que, de-tard,
Maianenco majouralo,
An uno voues bouvaralo.

LA CASTELANO

Noun èro aqui, ma damo douço e bello !
Mai sus si terro e sus soun blanc castèu,
Lou soulèu gai, la luno sounjarello,
Brihavon sèmpre, e tau qu' i jour de mèu
Ounte èro aqui ma damo douço e bello !

Soun pesquié lisc gardavo sa clarour ;
Si verd pavoun fièr se pavounejavon ;
Soun ort de roso avié la memo óudour ;
E, dous per dous, si blanc ciéune trevavon
Lou pesquié lisc que gardo sa clarour.

Noun èro aqui, ma gènto castelano !
E triste, iéu, coume un aubre ivernen,
Dins chasco flour qu'ournavo lis andano,
Dins chasco flour retrouvave l'alen
De moun amado e gènto castelano !

Pèr quau aman coume es dous de soufri !
Pèr la bèuta qu'es plasènt lou martire !
Iéu pensatiéu, soulet, alangouri,
Tant lèu me manco, elo, fau que redire :
« Pèr quau aman coume es dous de soufri ! »

FUGÈN

Anc nom gardiei, tro fui en miei la flama.
BERNAT DE VENTADOUR.

Pouderous Amour, pos assètre
   Toun empèri sus moun coutet :
Coume un esclau, davans toun scètre,
   Enfin mourreje ! pargo-te.

D'abord me fuguères un aire
   Que se prefumo dins li flour ;
Pièi un alen cansounejaire
   Que de l'ile escampo l'óudour ;

Mai aro sies uno ventado,
   Un fièr cassaire sus la mar ;
Lèu-lèu vas m'èstre bourrascado
   Que bourroulo li toumple amar,

Se lèu-lèu chànje pas de draio,
   Se noun fuge di garagai
Vers quauque port... Mai tout en aio,
   Ounte fugi ? ma fe, noun sai !

PÈR ANTOUNIETO DE BÈU-CAIRE

Lou blanc gourguet de l'ile a soun jour pèr toumba,
    A soun jour la fueio dóu grand roure ;
Lou soulèu a soun tèms peréu pèr s'aploumba,
    E la luno pèr daura lou moure.

I'a tèms pèr lou plesi, i'a tèms pèr la doulour,
    E i'a tèms pèr lou galoi mariage ;
Mai la mort, Antounieto es pèr tóuti li jour,
    Mai la mort es pèr tóuti lis age.

O vierge risouleto, o mignoto de Mai,
    Di rousié cuieiris cantarello,
La roso que flouris, courouso mai-que-mai,
    Coume un scètre, à ta man blanquinello,

Aniue se passira, sara morto, e lèu-lèu
    Pèr l'escoubo tracho en un caire ;
Mai tendra plus long-tèms à sa vido belèu
    Que tu, chato, à la tiéuno, pecaire !

                            (*Tira di* BELUGO.)

PÈR ANTOUNIETO DE BÈU-CAIRE

NIGRA SUM SED FORMOSA

Pèr tóuti li chatouno e tóuti lis amado,
   D'amour enebriado,
Es lou mai benura, lou plus courous di diéu
    Aquéu
   De la voues cantarello,
   Que de flour enmantello
Noste mounde marrit, coume un jour agradiéu.

Pèr tóuti lis amado e tóuti li chatouno
   Risouleto, redouno,
Es un moustre la Mort, tout niaussant de pòu
    E dòu,
   E sa lanço bouscasso,
   Coume un vènt-terrau, casso
Li jouvènt e li vièi, fourniguejant pèr sòu.

Mai pèr tu, jouvencello, èro tout lou countràri :
   L'Amour, lou galant glàri,
Ero segur la mort, e la mort èro un jour
    L'Amour ;
   E soun ieu de demòni
   E soun brama d'angòni
A toun amo èro un lume, uno siavo rumour.

Car te disié la Mort : « O poulido Antounieto,
  « O ma douço amigueto,
« Se ma caro es senistro e moun parla tant rau,
   « Qu'enchau ?
  « D'angelico famiho,
  « Dóu Bon-Diéu siéu la fiho
« E porte à moun coustat dóu Paradis la clau.

« Coume d'iscleto d'or lis ardèntis estello
  « Vejaqui, vierginello !
« I'a de champ delicious d'amour, de liberta,
   « Eila !
  « Dounc, baio-me, blanqueto,
  « Ta meigrouno maneto,
« E t'adurrai à Diéu pèr l'escalié 'stela.

« D'ounte, fièro, veiras qu'es la terro uno gàbi,
  « Un remoulin de ràbi ;
« Que soun mèu es de fango, e soun ten, noun d'Alis,
   « Mai gris ;
  « Que sa douço armounìo
  « N'es que cacoufounìo,
« E si riche ufanous que pàuri negadis.

« De meme que l'enfant, quand toco à la jouinesso,
  « O tèndro Felibresso,
« Quito à cha pan si jo pèr de gau forço mai
   « Verai,
  « Lis afecioun mesquino,
  « Li joio mistoulino
« Vas leissa de ta vido, urouso que noun-sai.

« O de Diéu benesido es ta bello Prouvènço,
  « Es la Font de Jouvènço,
« Dóu soulèu es la migo, es lou nis de l'Amour
  « Toujour;
  « Mai de fum soun si gloio,
  « De pato si beloio,
« Coumparado i trelus dóu celestiau sejour !

« Eilamount toun amour pèr toun fièr calignaire
  « Noun te toucara gaire,
« Car se vai amoussa coume lou cire au bèu
  « Soulèu...
  « Dounc, baio-me, blanqueto,
  « Ta meigrouno maneto...
« T' adurrai à moun Diéu coume un ange, lèu-lèu ! ».

(*Tira di* Belugo.)

EN RESPONSO

A « LA COUMTESSO » DE F. MISTRAL [26]

A F. MISTRAL.

I

Coume la lisco armaduro
Lampejo au soulèu de Diéu,
O la rancaredo duro
Resclantis au bram dóu biéu;
Ansin, à ta parladuro,
Respond, vuei, moun amo, à iéu !

O, que bèn sabe t'entèndre !
O, que te vole segui !

Felibre dóu cor de flamo !
Fraire de la bouco d'or !
L'aut esperit que t'aflamo
Tambèn abraso moun cor ;
Lou vènt divin que te bramo
Boufo en iéu meme estrambord.

O, que bèn sabe t'entèndre !
O, que te vole segui !

Aro, que ta cambo lèsto
Cauco li piue li plus aut,
E qu'à l'entour de ta tèsto
Lusis un trelus reiau,

Fas bèn d'óufri bello fèsto
I courage majourau.

O, que bèn sabe t'entèndre !
O, que te vole segui !

Fas bèn de dire à ta raço
Ta magnifico passioun :
Crido dounc : « Arasso ! Arasso ! »
I mascle de ta nacioun,
E crèbo coume uno aurasso
L'orro Centralisacioun !

O, que bèn sabe t'entèndre !
O, que te vole segui !

Noun siéu, iéu, de ta patrìo,
E bèn liuen d'elo siéu na,
Mai, coumo i cant de ma mìo,
Moun cor coumenço à vibra,
Ausènt la fièro armounìo
De la Naciounalita !

O, que bèn sabe t'entèndre !
O, que te vole segui !

Peréu, fas bèn, o troubaire !
Tu, d'aganta pèr la man
Aquéu valènt calignaire
Qu'amo la Patrìo tant,
Lou mai courous di troubaire
Que pènson en catalan ! [27]

O, que bèn sabe t'entèndre !
O, que te vole segui !

Naturo forto emai douço,
Liounas emai agnèu,
Couloumbeto amistadouso,
Aiglo espinchant lou soulèu,
Amo lindo e valourouso,
Amo coulour de la nèu !

O, que bèn sabe t'entèndre !
O, que te vole segui !

II

Isso ! d'aut ! car Diéu t'ispiro,
Enaura sus ti cansoun,
En casso de la Vampiro,
Qu'estoumago ta nacioun,
E, coume un iruge, tiro
Soun sang dóu cran i tacoun.

O, que bèn sabe t'entèndre !
O, que te vole segui !

Fai resplendi ta Coumtesso
Sus li rouino dóu couvènt !...
E pièi... i'a d'àutri princesso
Que bèlon lou Grand Avènt,
Fièro coume de divesso,
En tóuti li quatre vènt !

O, que bèn sabe t'entèndre !
O, que te vole segui !

Noun sabes aquelo Amado
Souto l'estello dóu Nord,

La Bello! l'Espeiandrado,
Qu'es palo coume la Mort!
L'Ardènto! l'Encabestrado,
Que gingoulo à soun arpo d'or?[28]

O, que bèn sabe t'entèndre!
O, que te vole segui!

Noun sabes l'autro Coumtesso,
Rèino àutri-fes de la mar,
Qu'uno *Castelano* a messo
Dedins un croutoun amar,
Ounte, pèr forço e treitesso,
Coumbouris sa bello car?[29]

O, que bèn sabe t'entèndre!
O, que te vole segui!

E d'autro, e d'autro!... O Poulougno!
O damo de noste amour!
Qu' emé sa pesanto pougno
Toun catau pico toujour,
A tu, coume à Catalougno,
Ta voio porto doulour.

O, que bèn sabe t'entèndre!
O, que te vole segui!

E d'autro!... Mai, Diéu de la glòri!
Ai fe dins toun aveni:
Vendra lou tèms di vitòri
Pèr teni li pople avani,
Quand dóu palais à la bòri
Boumbira lou meme crid.

O, que bèn sabe t'entèndre !
O, que te vole segui !

Quand d'escracha l'auto vido
D'un pople sara peca:
Tant negras, qu'entrefoulido
Touto man se levara,
Pèr counfoundre l'abourrido
Causo de l'assassinat.

O, que bèn sabe t'entèndre !
O, que te vole segui !

III.

Chut ! l'a 'no voues que reclamo :
« Ti pensamen me fan gau ;
« Mai fum, moun bèu, es ta flamo,
« Rèn qu'un mirage de Crau ! »
Mai ie respond lèu moun amo
Forto de fervour : « Qu'enchau ? »

O, que bèn sabe t'entèndre !
O, que te vole segui !

Me sèmblo uno causo bello
D'èstre enmasca pèr lou Bèu,
E de coussegre Esterello [30]
A travès lis arnavèu : —
Uno estello es uno estello,
Meme au mitan de la nèu !

O, que bèn sabe t'entèndre !
O, que te vole segui !

Sènso Ideau, rèn nous rèsto,
Quand la Jouvènço s'escound;
Rèn, car l'Amour nous detèsto,
Que li bàssis ambicioun...
Sus lou sòu, que nous arrèsto,
Jasèn de mourre-bourdoun.

O, que bèn sabe t'entèndre!
O, que te vole segui!

Vivo l'embriagadisso,
La santo foulié de Diéu,
Que fai la mort cercadisso
Coume un oumbrage agradiéu,
La vido uno cantadisso
Siavo coume un jour d'Abriéu!

O, que bèn sabe t'entèndre!
O, que te vole segui!

E que coungousto e que chale,
Davans un mounde acampa,
D'esbrudi, bèn que l'on cale,
La glouriouso verita;
E de traire au siècle pale
Uno raisso de santa!

O, que bèn sabe t'entèndre!
O, que te vole segui!

Digo-me, se, de l'Istòri
Es lou tablèu lou mai grand
Lou que nous retrais la glòri
Dóu grand Jùli triounflant

Au mitan d'un mounde flòri
Que lou crido saludant?

O, que bèn sabe t'entèndre !
O, que te vole segui !

Proumetiéu, à ma pensado,
Clavela sus soun estèu
E lançant, coume uno armado,
Dintre li lamp e lou gèu,
Si counvicioun abrasado,
Moun Mistrau, es bèn plus bèu !

O, que bèn sabe t'entèndre !
O, que te vole segui !

Castèu de Woolley Hill, Feb. 20, 1867.

A MOUN CAR AMI VICTOR BALAGUER

DE BARCELOUNO

A PREPAUS DE SA LETRO DOU 29 DE JANVIÉ, 1867.

Se toun marrit sort t'a bandi
Liuen de toun nis lusènt, dins la niue tenebrouso,
 Noun te lagnes, ami,
E noun cuerbes lou lum de ta caro autourouso,
Qu'ai visto tant de fes enaurado e courouso.

Se, vuei, de toun grand soulèu d'or
As « souto un cèu de ploumb »[31] soulamen remembranço,
 Ami, dedins toun cor,
Amosso ta tristesso, atubo toun audanço,
E largo à toun entour ti bèllis esperanço.

Foro de toun orre pegin !
A bèu geinoun davans la lèi vièio e divino
 Que te murmuro ansin :
« Touto roso que briho a sa part dis espino,
« La cimo la mai auto a lou mai d'eissuchino ! »

Ah ! dins lou paradis d'Amour
Que i'a d'infèr secrèt ! [Ah ! quant, l'ome de giòri,
    Atiro à soun entour,
Coume de courpatas que sènton la vitòri,
De nèsci plen de croio e de sot tantalòri !

    Meme di Sant l'aut estrambord
A si long fernimen, a sis ourlant abisme ;
        E l'Eisil e la Mort
S'acrocon bèn souvènt, pèr l'acord de l'Autisme,
I tacoun escalant dóu grand Patrioutisme.

    A tu dounc la resignacioun !
E fai, tu, sènso pòu, au Bon-Diéu bono mino ;
        Noun en van toun vistoun
Vèi plus de toun païs « la plajo serpentino, » [52]
Et dóu vièi Mount-Serrat li dentello divino !

    E noun en van te brèsso plu
De toun amado mar la suavo armounìo ;
        Nimai, autour de tu,
Vounvouno coume un brusc de lusèntis abiho,
Lou nervihous parla de ta fèro patrìo !

    Noun, noun en van, moun bèn-ama !
E te dirai galoi (tu, l'auras en memòri !)
        Que toun eisil sara
Rèn qu'un reculamen, à l'aubo di vitòri,
Pèr faire un saut plus bèu dins lou champ de l'Istori !

GRAMACI A L'AMOUR

Amour ! o fièr Amour ! meravihous doumtaire,
Que vers terro, quand vos, abouques li mourtau,
Rèn qu'emé toun alen ! Espetaclous cassaire
E di car e di cor ! Demòni tourmentau,
Que, pariero i veissèu coucha pèr lou Mistrau,
Vers la mort couches milo e milo tèndris amo !
O tu, que fan li pintre e li pouèto siau
Un enfantoun rousen, mai que l'Istòri clamo
Un gigant asseta sus de nivo, e que bramo !

Te dirai gramaci ! Lou sabe que ta man
M'aurié pouscu nega dins un gourg de flamado
E de lagremo, lèu... Mai tu m'as douna plan
E li flour, e la frucho, un paradis de fado,
Un ort plen de cansoun e la douço alenado.
Gramaci dounc, grand diéu ! Au-liogo d'arnavèu,
As vougu me coucha sus de roso embaumado,
Ounte à l'aise iéu rève e prene lou soulèu
Dins lis iue estivau de la bello Isabèu.

SIÈIS MES APRÈS AU TOUMBÈU D'ISABÈU

A MADAMO ROSO-ANAIS.

> « Viures m'es marrimens et esglais,
> « Pus morta es ma dona. »
> Pons de CAPDUEIL.

Souto aquéu pichot toumbèu,
Blanc linçòu de margarido,
Jais la saureto Isabèu,
Souleiado de ma vido !

Plourant iéu, touto èro en plour ;
Risènt, èro riserello ;
Doulènt iéu, èro en doulour ;
Cantant, èro cantarello !

Caro veno de moun cor !
O ma bello sèmpre amado !
Aro ount soun ti treno d'or,
Ti bouqueto prefumado ?

Ounte soun ti poulit bras,
Blanc e lisquet coume evòri ?
Ounte soun tis iue bluias
Plen d'amour e plen de glòri ?

Aro ounte es toun sen bessoun ?
Ta lengo misto e tendrino ?...
Dins un grand foussat feroun, —
Devoura pèr la vermino !...

Marrit cros ! o trau dana !
O tu, moustre, Mort negrasso !
Tu qu'arrapes la Bèuta
Coume uno orro tartarasso !

Tu, que la galanto flour
Mai que l'aubre fièr t'agrado !
Coume i cacalaus toujour
Plais la roso mai amado.

Rènde moun amigo, o Mort,
A mi poutouno amourouso, —
E jitarai tout moun or
Dins ta founsour tenebrouso !

A JOUSÈ ROUMANILLE

SUS SI « SOUNJARELLO »

Vos saupre moun avis toucant ti « Sounjarello »,
Felibre prouvençau, de ta lengo cepoun ?...
Escouto : te dirai que mens blanco e mens bello
De l'ile redoulènt es la flour blanquinello
    Dins la man de toun grand patroun.

Crese en te legissènt èstre un vièi barrulaire
Qu'au champ s'espassarié quand lou vèspre es seren ;...
Lou vounvoun de la vilo escampiha pèr l'aire
Noun intro dins soun cor que coume un dous *pecaire*,
    E de douçour soun cor es plen.

LA FORÇO DE LA FEMO

PERIFRASI D'UN PASSAGE CELÈBRE D'ANACREON

APRÈS L'ANGLÉS DE COWLEY.

Es touto armado; emai, gaio,
Coume un porc-espi dardaio,
A vous parla sèns respèt...
Ah ! qu'es pouderouso Nìo,
S'armant, quand se desabiho,
S'armant nuso cap-à-pèd !

ENUEI

> « E que val viure ses amor
> « Mas pèr far enueg. — »
> BERNAT DE VENTADOUR.

I

Sènte moun amo jalado,
Mai qu' uno roco pelado,
Mai jalado que lou gèu ;
E s'es esvani lou mèu
Que dins moun pitre aboundavo
E coume un riéu d'or coulavo ;
E m'a passa l'estrambord,
L'estrambord e la tendresso,
Que la Bèuta segnouresso
Alargavo dins moun cor.

Me languisse, e ges de causo
Me fai gau ni me repauso :
Verd de l'erbo, blu dóu cèu,
Aigo lindo, gai soulèu,
De-bado me fan semousto ;
En plus rèn trove coungousto ;
E pas meme vers l'amour
M'atiro la barandello
Di chatouno encantarello
Que canton à moun entour.

II

Mai lou Printèms, lou Printèms
Adus roso e dous encèns ;
Chut ! entèndé lis abiho
Que zounzounon dins li triho,
E lis aucèu e li flour
Dison rèn qu' « Amour ! Amour ! »
E di riéu de la terrado,
E dis erso de la mar,
Chascun es à l'autre car,
Chascuno es de l'autro amado.

Mai noun pèr iéu, noun pèr iéu,
Tournon li douçour d'Abriéu :
Ges pèr iéu de lus dardaio,
Ges de lauroun linde raio,
E l'Amour, que trepo e ris,
Vuei m'evito e me fugis....
Vène, vène, Souleiado,
Foundre moun amo de gèu,
Car, Amour, sèns toun calèu,
La Mort, l'orro Mort m'agrado !

A MOUN JOURNAU

VERS ESCRI SUS LA PROUMIERO PAJO

Gènt papié, causo requisto !
Journalet, mai blanc que nèu !
Pèr bandi moun umour tristo
As un biais, ma fisto, bèu :
Aduses à ma pauro amo
Meravihouso calamo,
Aubo d'or à ma negrour ;
Quand à plumo sus tu courre,
Coume à chivau sus un moure,
S'esvalisson mi doulour !

Siegues à moun languitòri
Siegues dounc un blanc couissin,
O dins moun car ermitòri
Coume un sen amistousin,
Dóu quau dins la valounado
Posque trouba 'no nisado
Pèr pausa mi rire e dòu,
Ount, dins mi càudi tendresso,
Dins mis àutis alegresso,
Posque m'amaga sèns pòu.

A MOUN AMI FÈLIS GRAS

SOUNET

> « To be weak is miserable. »
> « La feblesso es la miséri. »
> MILTON.

Ami, i'a de moumen de doulour sènso egalo
Quand la terro de Diéu me sèmblo de Cifèr,
E miserablamen dins moun amo estivalo
Gingoulo e fai tripet un auragan d'ivèr :

Alor, mai linde e dous que cansoun pastouralo,
De la doulènto Mort ause dinda lis èr ;
E vole m'empega sus si bouqueto palo,
E me jita galoi subre soun pitre fèr.

Ah ! que la vido es vuejo ! ah ! que la vido es tristo
E quant d'esfors perdu ! la feblo Voulounta
Jamai mounto au nivèu dóu desir eisalta !

Ambicious, arderous, voudriéu bèn, pèr ma fisto,
Escambarla lou mounde en valènt cavalié —
Iéu que siéu rèn de mai qu'un paure menestrié !

AVIGNOUN

SOUNET

A MOUN SAVÈNT COUNFRAIRE PAU MEYER.

Coume d'espigo d'or trancado pèr lou dai,
O de bèu parpaioun que lou ventas aclapo,
Es passa, i'a long-tèms, lou grand eissame gai,
Que viravo, Avignoun, à l'entour de ti Papo.

Mai l'Imaginacioun tèn tout souto sa capo :
Pòu tremuda Janvié dins un dous mes de Mai : —
De toun roucas ansin lou vièi tron, ve, s'esclapo ;
Ti carriero e ta court me soun vuejo jamai.

Enca recounèisse souto lou mascarage
L'iue sourne de Petrarco ; e la Rèino qu'avié
Dins lou cros di doulour toujour aut lou carage [33] :

E Rienzi lou tribun [34] ; e lou brulant corage
De la santo chatouno — aquelo que fugié,
Pèr servi sa patrìo, un celèste mariage [35] !

A LA RÈINO JANO

SOUNET

A AMADIÉU PICHOT, D'ARLE.

Noun, noun ères nascudo, o Rèino encantarello !
Pèr un tant negre tèms, pèr un destin tant rau,
O tu de quau la vido, espandido nouvello,
Siegué coume uno flour dins la man dóu Mistrau !

Noun èro segur facho aquelo bouco bello
Pèr brama « Rasso ! Rasso ! » i despietous uiau ;
Ni segur aquéu sen pèr èstre uno archimbello
A ti faus courtisan, à ti gènt tourmentau !

Auriés degu flouri dins un mai plasènt age,
O Fado bono e douço, em' un bon pople dous,
Ignourènt de la fraudo, ignourènt de l'aurage :

Ges d'erso aurié degu boulega toun courage,
Ges de niéu oumbreja toun empèri courous,
Ounté aurié soulamen Amour fach arrambage.

I FELIBRE D'AVIGNOUN

SOUNET

En van dins moun castèu iéu m'amague e m'escounde
Moun amo es abrasado e pleno de langui !
D'Irlando, moun païs — tafanàri dóu mounde [36] —
Pèr vous vèire en Prouvènço acourre, o mis ami !

D'aut ! preparas la taulo, e que la Gau semounde
Cènt flasco tóuti plen de moun vin favouri !
E que dins vòstis iue la Galejado abounde,
E lou noble Estrambord, e lou fin Esperit !

Iéu, antan lou Fenat de la Felibrejado [37],
Coume antan vole rire emé li cambarado,
Santamen enca mai 'mé vautre m'embriaga !

Vole nada tout nus dins li bèlli pensado,
E, largant mi cansoun e mi brinde afouga,
Lou Pegase arlaten fieramen cavauca !

Castèu de Seafield, Irlando, 10 de Nouvèmbre, 1867.

VERS ESCRI A LA GRAND-CHARTROUSO

Grandamen afama di caresso dóu Crist —
De la douço bèuta di perfecioun divino,
Eici, Brunoun cerquè lou grand tresor requist,
    La raro roso sènso espino.

Eici que la Naturo alargo di roucas
La bramarié di gaudre e coungreio l'aurage,
En silènci sublime, éu trouvè l'auto Pas,
    E l'Alegresso dóu bon sage.

Car enfin esmougu pèr aquéu glàri rau [38],
Emé soun cor valènt e 'mé 'no voues sevèro :
« Foro, s'escridè, foro, o vil siuen terrenau !
    « A la flamo, o civado-fèro !

« Van or ! basso ambicioun ! o fumado ! o fangas !
« Desseparas vous lèu de moun amo espandido ! »
E subran enreguè lou draiòu de roucas
    E l'oumbrun de la coumbo arido.

Brula dóu meme fio d'autre venguèron lèu,
Enchaièut dóu plesi, se trufant de la glòri,
E 'questo vilo santo, à la fàci dóu cèu,
    Bastiguèron, cantant vitòri.

E coume d'alcioun sus lis erso coucha,
Couvon, revassejant, au mitan di pinedo;
Blanc d'àbi, blanc de cor, coume la nèu qu'eila
    Vestis lis àuti rancaredo.

Perdu dins l'Ideau, benurous, jour-e-niue,
Porton à penjo-còu si gauto sounjarello;
Si geinoun soun calous; dóu Segnour si clars iue
    Miraion la calamo belio

E 'nebria de delice escampihon toujour,
(Coume de siàvi flour d'óudour embausemado).
Escampon de trelus d'esperanço e d'amour
    A l'entour di porto estelado.

Prègon, canton toujour, autambèn, quand Avoust
Largo si dardaioun sus la clastro qu'esbriho,
Que quand l'aurage escoubo, en Janvié tenebrous,
    La terro que morno soumiho.

Ansin, despièi milo an, si refrin an clanti,
Coume l'acord egau di grands erso pourpalo
O la voues dis estello... e, vuci, liuen de peri,
    Si cansoun vènon inmourtalo!

LOU CHIN DE ROUSSÈU

A MOUN AMI LOU FELIBRE DE LA FONT DE NIMES.

Que vèngue vièi coume un canounge,
E qu'óublide la lengo d'O,
Sus moun arquet se rèsse trop,
O se vous conte rèn qu'un sounge !

Escoutas-me : l'ami Roussèu
A 'n chin qu'es estraourdinàri,
Pu laid, ma fisto, qu'un gros gàrri,
Pu poulit qu'un pichot vedèu !

Que vèngue vièi coume un canounge,
E qu'óublide la lengo d'O,
Sus moun arquet se rèsse trop,
O se vous conte rèn qu'un sounge !

Sa tèsto carrado e soun péu
Soun la tèsto e lou péu d'un diable ;
Soun cor e soun biais amirable
Soun lou cor e lou biais d'un diéu.

Que vèngue vièi coume un canounge,
E qu'óublide la lengo d'O,
Sus moun arquet se rèsse trop,
O se vous conte rèn qu'un sounge !

Lou chin fantasti de Cambaud [39],
Qu'à soun entour la pòu dardaio,
Mens qu'aquéu chin segur esfraio
Li gènt que vènon à l'oustau.

Que vèngue vièi coume un canounge,
E qu'óublide la lengo d'O,
Sus moun arquet se rèsse trop,
O se vous conte rèn qu'un sounge !

La tourtourello de Dóumas [40],
Que fin-que d'un avèn cantado,
Fuguè mens qu'aquéu chin vantado,
Car pourtè mens de dous soulas.

Que vèngue vièi coume un canounge,
E qu'óublide la lengo d'O,
Sus moun arquet se rèsse trop,
O se vous conte rèn qu'un sounge !

Es tant brave, tant agradièu !
E soun gàubi 's tant deleitable,
Que soun patroun es miserable,
Se noun lou flato sus lou quiéu.

Que vèngue vièi coume un canounge,
E qu'óublide la lengo d'O,
Sus moun arquet se rèsse trop,
O se vous conte rèn qu'un sounge !

E quand Roussèu quito soun nis,
Ah ! coume reno, bramo, idoulo !
Coume crido, coume gingoulo !...
En ie sounjant, moun cor fernis.

Que vèngue vièi coume un canounge,
E qu'óublide la lengo d'O,
Sus moun arquet se rèsse trop,
O se vous conte rèn qu'un sounge !

Noun pòu plus béure ni lipa ;
S'amago soulet dins un caire ;
Es l'image d'un vièi troubaire
En quau li rimo vènon pa.

Que vèngue vièi coume un canounge,
E qu'óublide la lengo d'O,
Sus moun arquet se rèsse trop,
O se vous conte rèn qu'un sounge !

Mai quand soun mèstre es de-retour,
Que de poutoun ! que de caresso !
Sourris coume uno felibresso,
E ie japo soun franc amour.

Que vèngue vièi coume un canounge,
E qu'óublide la lengo d'O,
Sus moun arquet se rèsse trop,
O se vous conte rèn qu'un sounge !

M'an di que soun segnour seren,
Amourousi pèr lou bestiàri,
Un bèu dissate, à soun noutàri
Diguè : — « Fasès moun testamen : »

Que vèngue vièi coume un canounge,
E qu'óublide la lengo d'O,
Sus moun arquet se rèsse trop,
O se vous conte rèn qu'un sounge !

« Vès, laisse à moun cadèu ama,
« Qu'ame ièu mai que paire e fraire,
« Mai que mestresso emai que maire,
« Tout ço que dins ma bourso i'a. »

Que vèngue vièi coume un canounge,
E qu'óublide la lengo d'O,
Sus moun arquet se rèsse trop,
O se vous conte rèn qu'un sounge !

« E moun maset e moun jardin,
« Ma vièio lambrusquiero duro,
« Mis óujèt d'art, mi gravaduro,
« Tóuti mi boutiho de vin. »

Que vèngue vièi coume un canounge,
E qu'óublide la lengo d'O,
Sus moun arquet se rèsse trop,
O se vous conte rèn qu'un sounge !

« De Rabelais la tèsto amado,
« De Mèste Wyse lou retra,
« Bono caro que Crespoun [44] a
« Pauramen foutougrafiado ! »

Que vèngue vièi coume un canounge,
E qu'óublide la lengo d'O,
Sus moun arquet se rèsse trop,
O se vous conte rèn qu'un sounge !

« Moun capèu blanc, mi cachimbau,
« Ma mostro d'or, mi milo libre,
« Mi noto subre li Felibre,
« Moun scètre enfin — qu'es moun Journau ! [41] »

Que vèngue vièi coume un canounge,
E qu'óublide la lengo d'O,
Sus moun arquet se rèsse trop,
O se vous conte rèn qu'un sounge !

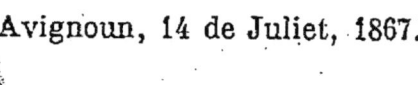Avignoun, 14 de Juliet, 1867.

SOULOMI

Plagnés pas, plagnés pas la floureto culido !
Plourés pas, plourés pas lou counfraire esvali !
Sus lou sen de la Bello es la roso espandido,
A la joio de Diéu es empourta l'ami.

Pèr ésti noun plourés, mai plouras pèr aquéli :
Pèr li descouneigu, pèr li priva d'Amour ;
Sus si pecou troussa plagnès li pàuris iéli,
E li vivènt que soun à la vido toujour.

ADIÉU A VICTOR BALAGUER

(PÈÇO RECITADO A LA FELIBREJADO DOU 30 DE JULIET, 1867.)

Adiéu dounc, adiéu mai, o Victor Balaguer!
   Adiéu dounc, o bouqueto de flamo!
Coume d'iue penetrant, dins li toumple de l'èr,
    Sieguènt uno grando aiglo, dis amo
        E di cor
        L'estrambord,
   L'estrambord amistous de ti Fraire,
   Ounte vas, te seguis, o Luchaire!

Adiéu dounc, adiéu mai, valerous Catalan!
   Adiéu dounc, patrioto amirable!
Quau dira se li doun que t'aduson lis an
    Doun de Diéu te saran o dóu Diable?...
        Mai, toujour,
        L'aut amour
   E li benedicioun de ti Fraire
   T'enmantellaran bèn, o Troubaire!

Adiéu dounc, adiéu mai, o courage valènt!
   Adiéu dounc, lusènto inteligènci!

Nàutri tóuti cresèn, que toun glourious Avènt
En Prouvènço es de la Prouvidènci
Un aflat
Benura,
E que sèmpre saras à ti Fraire
Un aucèu de bonur, o Cantaire !

Adiéu dounc, adiéu mai, esperit majourau !
Adiéu dounc, intrepide Felibre !
Tu nous quites, ma fe, mai entre lis uiau,
Noun óublides l'espetaclous libre
Que toun cor
Dous e fort
Alestis, pèr li cor de ti Fraire,
Sus la Grando Guerro de si paire [42].

Avignoun, 30 de Juliet, 1867.

LA FELIBREJADO SOULITARIO

A L'EDITOUR DOU « BREVIARI D'AMOUR »,

MOUN AMI GABRIEL AZAIS, DE BEZIES.

Après un marrit jour lou soulèu s'enintravo,
  De nivo agouloupa;
Coume un moustre feroun lou Labé gingoulavo
  Pereici, pereila ;
E la fueio e la plueio à-de-rèng se cassavon
  Coume d'àspri demoun,
E 'mé si det malin duramen bacelavon
  Contro moun fenestroun.

Iéu soulet dins ma chambro, amourous, melancòni,
  Au davans de l'oustau,
Escoutave doulènt la terriblo sinfòni
  Que me fasié grand gau ;
Badave dóu tourrènt l'abrivado escumouso,
  Emblanquesido au vènt,
A través la founsour de la niue tenebrouso
  Que dounavo espavènt.

Pamens l'oste a crida : « Moussu, la taulo es messo !
  « Li plat soun tóuti caud ! »

La rousso regalido es uno Felibresso
     Que canto à moun fougau ;
A moun coude vaqui de galànti boutiho
     Dóu bon vin d'Azaïs ;
Mai quau me vejara dins lou vèire que briho
     Soun flo de Paradis ?

Anen, d'aut ! ièu t'envite, o ma gènto Museto !
     Idolo de moun cor !
Davalo de toun cèu 'mè ti ròsis aleto,
     E toun galoubet d'or,
Emé ti long péu blound cascaiant en anello
     Subre toun còu de la,
Emé toun mamèu nus, mamèu de vierginello,
     Faroutamen quiha.

     Ièu soul emé tu souleto...
          Amigueto !
     Beven, plouren, e canten,
          E galejen,
     O ma tant amado Muso,
          Bello e nuso !
     Coume lusènt cascavèu
          Au gai soulèu,
     An, mignoto, que lou vèire
          Dóu bevèire
     Emé lou tiéu dinde lèu,
          Dinde
          Linde ;...
          Chut ! un brinde !

CIGAU I. A LA JOUVÈNÇO

La lagno dins lou cor, béurai proumieramen
      I souvenènço
      De la Jouvènço,
Que s'esquiho, ai! ai! ai! coume un soufle de vènt;...
    A la Jouvènço, au galant tèm,
    Quand, la roso sus la tèsto,
    Touto la vido èro fèsto ;
    Au tèms tant dous e trelusènt,
Quand tau que d'aiglo fièro au soulèu regardavon,
Quand tau que de lioun auturous caminavon
    Nòstis espèr, nòstis amour ;
Ai! ai! ai! quand tout èro estello e perlo e flour ;
      E que li regardello
      Eron causo plus bello
      Que la realita :
    Mai tout acò s'es esvarta,
      Coume nèu dins la flamo,
O cant de roussignòu dins la founso calamo ;
    E noun revendra plus, ai! ai!
      Jamai! jamai! jamai!

    Iéu soul emé tu souleto...
      Amigueto!
    Beven, plouren, e canten,
      E galejen,
O ma tant amado Muso,
      Bello e nuso !
Coume lusènt cascavèu
      Au gai soulèu,

An, mignoto, que lou vèire
Dóu bevèire
Emé lou tiéu dinde lèu,
Dinde
Linde ;...
Chut ! un brinde !

CIGAU II. A L'AMOUR

A l'Amour, lou dous glàri,
Lou bèu diéu benesi,
Que semound à Lazàri
De Crèsus li plesi ;
A l'Amour, lou cassaire,
A l'Amour, samenaire
Peramount, peravau,
De doulour e de gau !
Lou grand diéu tourmentau,
Que se nourris d'uiau,
A la forço dóu quau
Lou terrible Mistrau,
Quand bacello li nau,
O bourroulo la Crau,
Empourtant si frejau,
Es segur inegau ;
A l'Amour lou Gigant, que de soun orro chasso
Furo, fouito, brusis, councho, trauco, matrasso ;
A l'Amour, l'Enfantoun,
Que douno de poutoun,
E jogo à l'abandoun,
Coume un miste catoun ;

A l'Amour, à l'Amour, à soun ten de poumeto,
Sa douço pèu de flour, si sedóusi treneto,
  Si pourpàlis aleto :...
  E, ma Muso! peréu,
Brindaren, turtaren, ispira, pensatiéu,
Is amado que nous a douna lou Bon-Diéu ;
  I chato mai-que-bello ;
I vesino em' i liuencho, i bloundo em' i brunello,
Que pèr nautre l'Amour a tendramen ajoun ;
  A Lùci em' à Lidìo ;
  A la sajo Soufìo,
Que me dounè pamens milo e milo poutoun ;
A la lisco Adéugiso emai à soun petoun ;
A ma Malen ; à tu, certo, la plus poulido
Que jamai ague vist, uno fado coumplido,
Emé lis iue d'un ange e d'un ange lou cor,
E l'amourous regard e li péu lusènt d'or,
Frederico la Bloundo ; à Lullis em' à Liso ;
A la gaio Enriqueto emai à si chatiso ;
  I vistoun cantarèu
  De l'auto Roso-bello,
Que, coume lou Persan qu'adoro lou soulèu,
Me jiton à geinoun e plegon mi parpello !...
  Mai, o Muso, ounte soun
  Li caresso e poutoun ?
Li poutouno de mèu e li tèndri caresso ?

LA MUSO.

Pàuri bello ! la Mort o l'Oubli lis an presso !!!

IÉU.

Mai 'ncaro de moun cor me rèsto la princesso,
　　Me rèsto encaro Ellen !
Encaro pode iéu respira soun alen,
　　Encaro, pèr toujour...

LA MUSO.

　　　　Es ansin ; e la vèire,
　　　De mis iue sounjarèu,
Pode, coume ma caro en un mirau de vèire,
　　　Alin, dins toun castèu
I ribo de l'Avon... Eila, moun bèu pouèto,
　　　Pènso à tu, pènso à tu,
E pèr tu prègo Diéu dins sa chambro secrèto,
　　　Lou cor tout esmougu.

　　Mai iéu soul em tu souleto...
　　　　Amigueto !
　　Beven, plouren, e canten,
　　　　E galejen,
　　O ma tant amado Muso,
　　　　Bello e nuso !
　　Coume lusènt cascavèu
　　　　Au gai soulèu,
　　An, mignoto, que lou vèire
　　　　Dóu bevèire
　　Emé lou tiéu dinde lèu,
　　　　Dinde
　　　　Linde ;...
　　　　Chut ! un brinde !

CIGAU III E IV. AU SOULÈU E A LA GLORI

Emé de labro cantarello,
Emé di vistoun clarinèu,
Abrasama, brinden, ma bello !
Au Rèi dis astre, au grand Soulèu,
  Coume se dèu, —
  Au grand Soulèu,
Au sèmpre bon e sèmpre bèu !...
Ve, plego lèu tis alo lèsto,
O Museto de moun amour !
E ('nebriado de Pouësìo,
Pèr la forço de Fantasìo,)
De l'escalabrous Mount-Ventour
Carrejo-me, d'aut ! sus l'aresto,
Pèr, o Soulèu ! en toun ounour
Eilamount faire bello fèsto :
O, bon Soulèu ! à ta santa
  Vole brinda,
  Te saluda !...

LA MUSO.

Emé, segur, de cansoun santo,
De coupo escumouso e versanto !...

IÉU.

Segur, amigueto, e nega
Dins l'endouliblo de sa glòri,
Vole esbrudi, iéu, si vitòri :
A-bèl-èime lou countempla,

De mis óumage fièr lou faire
Dins soun pountificat lusènt,
Coume àutri-fes sis adouraire
Au founs de l'ilustre Ourièut :
Canten, canten : « O Rèi dis astre !
« O grand vistoun de l'univers !
« Sèns tu noun isto que malastre ;
« La terro n'es qu'un trau d'infèr ;
« O paire de l'Amadurançe !
« O toumple d'or de l'Aboundanço !
« Diéu-merci tu, li cènt mamèu
 « De la Naturo bello
 « Soun de sourgueto cascarello
  « D'òli, de vin, de mèu :
« Diéu-merci tu, la mar inmènso es azurenco,
« E li roso e li nivo e li gauto rousenco :
  « O siegues, siegues tu beni
   « A l'infini !
« Fas crèisse lou paumié, fas daureja l'arange ;
« Fas lou mounde espandi coume uno mar de flour ;
« Nous bandisses ti rai coume un eissame d'ange ;
« Emplisses l'univers d'alegresso e d'amour :
  « Tu la raço oumenenco,
  « Tu la gènt vermenenco
   « Mestrejes emé gau,
« Li pougnènt, li beisant, de tis escandihado ;
  « Dóu coundor celestiau
  « A la perco que nado
   « Tout ressènt lou poudé
« De toun fio benurous — majourau, manidet !
  « O siegues de-longo e sèns cesso
  « L'Amour, la Glòri, l'Alegresso !..
  « Quand te lèves, la creacioun

« Es uno liro de Mennoun ;
« Serre, campagno, bos, sebisso,
« Es cant, cansoun, e cantadisso !
« E quand tu voles t'aploumba,
« Languisoun, tristesso, e negruro
« Acaton la santo Naturo :
« Dins tout lou mounde, ve, rèn i'a
« Que posque à tu se coumpara ;
« O caro idolo !... »

LA MUSO.

O car troubaire !
Sies quasimen (lou sabe, iéu),
Dóu grand Soulèu un adouraire :
(*Que te perdoune lou Bon-Diéu !*)

Mai iéu soul em tu souleto,
    Amigueto !
Beven, plouren, e canten,
    E galejen,
O ma tant amado Muso,
    Bello e nuso !
Coume lusènt cascavèu
    Au gai soulèu,
An, mignoto, que lou vèire
    Dóu bevèire
Emé lou tiéu dinde lèu,
    Dinde
    Linde ;...
    Chut ! un brinde !

CIGAU V. A LA POUESIO

Brinden, dinden,
Dinden, brinden
A la noblo Pouësìo !
A la fiho
Dóu Soulèu !
A la benesido abiho
Que cuei lèu
Tant de mèu !
A la douço Encantarello
Que fai l'amo cantarello !
An ! zóu ! dinden,
Larguen un brinde
Ardènt e linde,
Coume un voulcan
Esbarlugant
Que trais en flamo
Touto soun amo
Superbamen ;
O brinden, dinden à la Fado,
Pèr quau la terro di Mourtau
Es plenamen embausemado,
Coume soun li colo, li vau
E li moure — asile di pastre —
Pèr li prefum fort e suau
Di ferigoulo, dóu mentastre
E de la nerto — flour de gau !
A tu, meravihouso Essènço
Qu'emplisses l'univers de Diéu ;
Coume lou linde Etèr sutiéu
L'espàci de la vòuto inmènso !...

O, t'ai amado à l'infini
Dins ma jouinesso !... T'ame encaro !...
O, forço, amigo, forço ami,
Las, ai leissa ; mai tu, ma caro,
  Jamai, jamai !...
Environnado de ti rai,
Quand t'entre-vese bloundo e claro,
Sus ma tèsto d'uiau se fan ;
Mi bras, coume d'alo, brassejon ;
E mi dos prunello flamejon ;
Ma fièro voues s'aubouro en cant ;
E quatecant em' alegresso
Boule poumpousamen lou sòu...
O, dins l'angòni, dins lou dòu,
Me mostres sèmpre ta tendresso ;
E ti poutoun e ti caresso
Soun aquéli d'uno divesso.
Moun ourguei sies e moun soulas,
Ma regalido dins lou glas,
E touto ma vido eiçabas ;
Moun ourguei au mitan d'arlèri,
Moun soulas dins lou cementèri,
Ounte m'escride : « O cros negras !
« Se la Pouësìo divino
« S'envolo jamai de moun cor,
« Que siegue manja de vermino
« Dins li cafourno de la Mort !... »
Cadun lou saup, la Pouësìo
Es uno alo que porto amount ;
Es lou noum que lou mai briho
De noste Diéu di milo noum !

 Mai iéu soul em tu souleto,
  Amigueto,

Beven, plouren, e canten,
E galejen,
O ma tant amado Muso,
Bello e nuso !
Coume lusènt cascavèu
Au gai soulèu,
An, mignoto, que lou vèire
Dóu bevèire
Emé lou tiéu dinde lèu.
Dinde
Linde ;...
Chut ! un brinde !

CIGAU VI E VII. A LA PROUVÈNÇO E A LA LIBERTA.

Dóu Bon-Vin grando es la puissanço,
Car nous enauro en Paradis ;
E nosto amo, es éu que la lanço
Dins li draio dóu Camp d'Alis !...
De l'espino éu fai la floureto,
Dóu vènt d'ivèr l'alen de Mai ;
E d'un embriago un proufèto ;...
Iéu vese l'Aveni !...

LA MUSO.

Pouèto !

IÉU.

Iéu vese l'Aveni, parai ?
Aperalin, gardo, Museto !

                Avau, d'amount,
                Queto vesioun !
Lis an soun esvarta de caire
Coume de nivo. Clarinèu
Vese lou soubeiran soulèu
Que trelusis sus un terraire
Raiant de la, raiant de mèu,
Pèr toui sis enfant bon e bèu :
Vese de mountagno pourpalo,
De grandi vilo capitalo,
Caduno un pichot nis reiau !
Un flume fièr qu'escarrabiho :
Uno blavenco mar qu'esbriho
Pleno de drapèu, e de nau :...
Oh ! qu'es aquelo Terro, mio,
Sabes ?... Coume de milo abiho,
Lou vounvoun ause d'eilalin
Dóu galoubét, dóu tambourin :
Ause de fòli farandoulo,
Que rèn tracasso, rèn treboulo :
                E lou vounvoun,
                E li cansoun
Dóu pacan sieguènt soun araire,
E, sus la mar, dóu blanc pescaire :
D'amount, d'avau, d'eici, d'eila,
Soun li cansoun de Liberta,
De Liberta, de quau la caro
Dins noste mounde, las ! es raro :
Es lou lengage bèn-ama,
Que, ma Muso, te fai trepa...
Qu'es dounc aquelo Terro, amigo,
Bèn lou sabes, — oh ! digo, digo..

10

LA MUSO.

Es la Terro de —
(*Quaucun pico à la porto.*)
Ta-ra-ra !

IÉU.

Qu'es acò ?... diable !...
(*Mai à la porto.*)
Ra-ta-ta !

(*Un garçoun intro.*)
Monsieur à sonné ?

IÉU.

Noun ! fiéu de quauco saumeto !
Mai tu fas fugi ma gènto Museto !
Passo-me 'ila :
Fas envoula
Moun ciéune blanquinèu, — madouço bessouneto !

Ansindo, l'autre sero, emé li tres boutiho
Dóu bon vin d'Azaïs,
Felibrejave soul em la Muso, ma mio,
Que perfés me sourris !

MANDADIS.

O Gabriel, moun ami, dounaire di tres flasco
Qu'ai gentamen veja,
Ti flasco soun segur de pouderóusi masco
Pèr me faire canta !

Ve, ma Museto e iéu, plen de recounèissènço,
  Tóuti dous sian toumba d'acord
Pèr te douna de cant de joio e de jouvènço
  En gramaci de si rai d'or !

I POUÈTO BESSOUN

FREDERI MISTRAL E VICTOR BALAGUER

O paire de Mirèio e dóu fièr Calendau,
    Dóu vin de Diéu glourious ibrougno !
E de la liberta tu que largues l'uiau,
    Tu, l'Ome de la Catalougno !

Escoutas : coume pèr d'escalié trelusènt
    L'on mounto i gràndi glèiso antico,
La Bello Pouësìo, ô majourau valènt,
    Coundus à l'Auto Poulitico !

              Avignoun, 1 de Janvié, 1867.

UNO PÈÇO DE POUESIO CATALANO

A MOS AMICHS DE BARCELONA.

Reyna blanca sentada prop de l'ona,
      O noble Barcelona!
Il-lustre ciutat, que per lo bull
De lo tèu patri amor, mes grandiosa
Te fas de jorn en jorn, y mes hermosa;
Si una llágrima ix de mon ull
Ab emoció suprema, y resta muda
      Ma ánima esmuguda;
No es perqué jo veja, o lochs amats!
Dels ombrius piugs de la alta Profecía,
Com al só d'una sublima armonía,
Com en un sol format de estrellas xicas,

S'unir tos poblets blanchs, encadenats,
En una capital de las mas ricas;
No es perqué sias tú forta en volar;
 sobre l'ona blava que te banya,
Te veja esser lo cor d'una altra Espanya,
  La Paris de la mar!

Mès es, perqué ma ánima entristida,
  O bona ciutat!
Há en ton sén trovat á l'amistat,
Amichs ben lliberals, de dòls amichs,
  Que resterán com pichs
Al mig de la planura de ma vida!

O dòlsas amistats! joves amors!
 Com la flaire á las flors,
 Com al cel las estrellas,
Son tot-temps tas memorias vellas!
 Féu las espinas rosas,
 Y las mes bellas cosas
 Cosas encar' mes bellas!

   Del CALENDARI CATALA *del Any* 1866.

DOS PÈÇO DE POUÈSIO

DINS LOU PROUVENÇAU DIS ENCIAN TROUBADOUR

I

SIRVENTESC

Pretz, paratges n'en so mia!
Jois, jovens so tug perit!
Amors, domneis, drudaria,
Cauzimens, cavallaria,
   Avinensa son aunit!
M'es un liam que me lia;
Aug un crit qu'él cor me cria [43]:
   « Belh solelh so 'svanesit! »

Qu'aissi soi en grand feunia;
  Tug mei cug son dol aibit;
Temps de Pascor, plazens dia,
Canz d'auzellos, companhia
  De mas flors, me fan marrit;
Jois que nais de libraria,
O del colgar ab m' amia,
  Aissi com fums m'an gequit.

Tot atressi, per gauzia,
  Com us tos ab man ardit
Trastorn' envers, en la via,
E revirar nos pot mia,
  Un escaravai petit;
Aissi jazent noit e dia
Me fer Astr', e Sors me lia,
  E nom valgen plor ni crit.

Qu'est vils segles m'es bauzia;
  Mei belh esper m'an mentit;
Qu'om per argent sol se tria,
Qu'om sol al tafur se fia,
  Et al malvatz embronquit;
Que vilas ten a folhia
Foc del cor e joglaria,
  E plorar e dolz merit.

Ins él cor, no sai que sia,
  Sent un dol, un dol maldit
Que me lassa, que me lia,
Que me breumen auciria,

Se n'es breumen escautit:
Car ses cans e sympathia,
Ses amors, que qu'om vos dia,
Terr' e cel son negrezit!

TORNADA

N' Anaïs [44], de ton marit
Solaz, orgoilhs, manentia!
Que fin' Amors lo gandia
Dels mals que me fan marrit!

Malhanes [45], d'engen ardit,
Amics melher qu'él mon sia,
Jois de trobar jasse ria
En los huelhs que m'an sorrit!

Castelhs de Woolley Hill, 21 de Nov., 1866.

II

SES AMOR NO SE TROB JA LA BENAURANSSA

> « Ben es moriz qui d'amor no sen
> « Al cor qualque doussa sabor. »
> BERNAT DE VENTADORN.

Dols son aquesti jorn ; e dolsas ses faillensa
Estas vespradas son que belha luna gensa ;
Mais mia no me cal lor ben, ni lor parvensa,
Ni lor patz, ni lor lutz, ni lor paus, ni lor pensa ;
Que Beutatz ses Amor es malestan cozensa,
E mei olh cossiros no tenen conoissensa
Ab olhs de lunha dona que m done bevolensa
   E joi d'amor.

Ar aissi, rics solelhs, qu'à meitat, no m'agensa ;
E lais de rossinhol no m' adutz ja gaudensa ;
E li meu pe tardiu an pauc de pacienza
Per me conduir' als pratz, quan Pascors recomensa ;
No coill ges flors coindeta ; e mais ab maldizenza
Me brairan li rivet qu'ab gentet' avinensa,
Quan fan de roc en roc blanqueta dechazensa
   Ab gran baudor.

Si com d'un aigla gran, que vola per l'aurat ge,
Algunas plumas d'aur se semenan a ratge
Sus l'ale del siroc ; aissi, per fel dampnatge,
Mei belh jorn s'envolan ses nesun agradatge :

M'es ops del Sortilhier, ses cal lo majestratge,
Me semblan ses sabor montanha ni boscatge,
E, ses cal, tota caus' él cel et él erbatge
M'es Beutatz malazauta e marrit alegratge !

TORNADA.

Ab joia, Teodors [46], te farai homenatge
D'est vers, car etz certas trobaire de paratge !

QUAUQUI POUESIO ANGLESO

DE L'AUTOUR

TRADUCHO EN PROUVENÇAU PÈR SIS AMI

SOUVENIR OF A WALK ON THE BANKS OF THE RHONE

WITH MY FRIEND THEODORE AUBANEL

December 21st, 1859

Radiant with the holy halo, which illumes the
    ancient face
Of a hermit on his death-bed in the desert's
    stillest place,
Whose fair beard of snowy whiteness lies along
    his shrivelled breast,
Whose light hands of lucid slimness close across
    his faded vest, —

Lo! Avignon's holy city is transfigured in the
    glow
Of the sun which sets serene against her palace
    dashed with snow;
And the yellow towers of Villeneuve, and the
    silent fields around,
And the unresounding river, are with golden glory
    crowned.

REMEMBRANÇO D'UNO PERMENADO DE-LONG DOU ROSE

EMÉ MOUN AMI TEODOR AUBANEL

21 DE DESÈMBRE, 1859

TRADUCIOUN DE TEODOR AUBANEL.

Emé li sant raioun qu'aluminon la caro
D'un antique ermitan, que vai mouri toutaro,
Dins lou caire lou mai tranquile dóu desert :
Sa barbo, en blanc trachèu, sus soun pitre davalo ;
Meigrinello si man se croson, linjo e palo,
    Sus soun viesti dubert....

Ansin se trasfiguro Avignoun, dins li flamo
Dóu tremount qu'eilalin escampo sa calamo,
En fàci dóu palais de blanco nèu poudra ;
Li jàuni tourrihoun de Vilo-Novo [47] muto,
Lou flume que sèns brut contro lou pont se buto,
    De glòri soun daura.

I was walking with a Poet, to divulge whose
    tuneful name
Fame is furbishing her clarion for a blast of full
    acclaim :
In our peakèd mantles muffled, like to monks
    we paced alone,
Underneath the elmtree cloisters, by the margin
    of the Rhone.

Joy of middle summer meanwhile filled my heart
    with heat untold,
Tho' it was the midst of winter, and the people
    shook for cold :
—Joy Poetic, who for ever loves sweet Melancholy
    so,
That without her close beside him he is nowhere
    known to go ;—

For I marked the icy masses floating down the
    central stream,
In interminable sequence, with the silence of
    a dream,
Like a harmonized procession of colossal swans
    of white,
Like the multitudes defiling of an ordered army
    bright.

Calm they glide before the presence of the
    golden-turbaned sun,
Who reviews them like a sultan, ere the victory
    be won :
From his tent beside Les Angles for a moment
    doth he shine—
Smiling sweetly upon each one of that long and
    stately line.

E iéu me permenave em' un jouine Troubaire
Qu'aura la Renoumado un jour pèr troumpetaire [48];
Dins nòsti grand mantèu pounchu bèn amaga,
Anavian tóuti dous plan-plan, coume de mounge,
Souto li clastro en dòu dis óume plen de sounge,
  Dóu Rose rousiga.

Lou gau dóu mes de Mai enterin m'abrasavo
Lou cor d'uno coumbour que me desparaulavo,
Enterin que li gènt fasien tres-tres de fre :
Lou Pouëtique Gau qu'amo la Languitudo,
Sa coumpagno fidèlo, e vai pèr abitudo
  Em' elo en tout endré.

Car di glas davalant mirave li mountiho,
Sequèlo senso fin sus l'aigo que soumiho,
Pariero i proucessioun de ciéune blanquinèu,
Pariero i flot creissènt d'uno armado noumbrouso
Que vai au fiéu dóu flume, alignado e courouso,
  En ordre clarinèu.

Tranquilas, majestous, esquihavon, ma fisto !
Davans lou soulèu d'or que n'en fasié revisto,
Coume un sultan poumpous avans d'ana gagna
La vitòri : un moumen, trelus de sa lichiero,
Douno un sourrire dous en chascuno di tiero,
  I sóudard tant que n'i'a.

In the gaps of conversation, but my spirit sang
  to me,—
« Would to God thy days, which hurry to the
  everlasting sea,
« Might before the glance of Heaven glide
  serenely, one by one,
« White and orderly as these are, which defile
  before the sun! »

Avignon, Dec. 22nd, 1859.

Mai quand parlerian plus, pensave en moun cor: « Basto
« Diéu fague que — mi jour courrènt vers la mar vasto
« De l'inmourtalita, souto lis iue dóu cèu,
« Blanc e pur, un pèr un — s'esquihe ma vidasso,
« Coume esquihon seren aquéli tros de glaço
  « Davans lou grand soulèu! »

   Avignoun, 22 de Desèmbre, 1859.

THE FOOT OF ADELGISA

TO ANSELME MATHIEU OF CHATEAUNEUF-DU-PAPE.

My darling Adelgisa's foot
 To what shall I compare?
What thing in earth, in air, or sea,—
What star, or shell, or flower to me
 So beautiful—so rare?

In speckless snows on lilies shed
 Its colour may be found;—
In under-plumes of cygnets white,—
In upper-down of cloudlets bright—
 The farthest from the ground.

In humming-birds as small as bees
 Its lightness may be seen;—
In Ariel's antics on a flower,—
In gentle April's pattering shower
 Among the beeches green.

LOU PETOUN D'ADÉUGISO

TRADUCIOUN D'ANSÈUME MATHIEU.

Poulit pichot petoun de ma tèndro Adéugiso,
    En que pourriéu te coumpara ?
En que ? La terro en flour, l'èr linde, la mar liso,
L'estello que lusis, la couquiho que friso,
    Soun mens dous, mens bèu, mens floura.

Dins la blanqueto nèu que toumbo senso taco
    Sus lou gourguet de l'ile en flour,
Au coutounet qu'au coui dóu blanc ciéune s'estaco,
O dins li nivouloun qu'un ventoulet destaco,
    D'asard s'atrovo sa coulour.

Lou cerin, lou fifi pas plus gros qu'uno abiho, —
    Lóugié coume un rai de soulèu ;
Ariel, sus uno flour, que se clino e chauriho ;
D'Abriéu sus li fau verd l'eigagnolo que briho,
    De tout segur peson mai qu'éu.

And when within her slipper soft
  She deigns its form to fit,
A moss-rose in its mossy vest,—
A nestling in its cozy nest,
  Are similes for it.

O dainty foot! what joy were mine
  To fondle thee a minute!
But then there wakes a new desire—
A kindling hope... but hush, my lyre!—
  The deuce is surely in it!

Quand, caudet, l'empresouno au gai leva de l'aubo
      Dintre soun souple pantoufloun,
E la roso espandido en sa moussouso raubo,
E l'aucèu dins soun nis fa dóu coutoun dis aubo,
      Soun de semblanço à soun petoun.

O pèd, o pèd mignoun, dounariéu sèns vergougno,
      Pèr te mignouta dins mi man,
Tout!... mai que vese iéu? es ma bello que fougno,
Lou fio l'atubo, chut! ma pichoto zambougno,
      Chut dounc! sieguen pas tant groumand!

THE POETS

TO JOSEPH ROUMANILLE AND THE AUTHORS OF THE

« LIBRE CALENDAU. »

SCENE. — *The Stable of Bethlehem.*

ST. JOSEPH.

« Say who are ye, that come, with lifted eyes,—
 « With laurels crowned, like victors from the fight,
« Save that no breast-plate o'er your bosom lies—
 « No bloody falchion flashes in your right?
« Who are ye, say, O wandering Strangers wise!
 « Who hither hurry thro' the frozen night? »

THE STRANGERS.

« We are the Poets—children of renown—
« The same, Old man, the throbbing nations crown!
« And now we come our Master to adore,
« And lay our offerings His feet before. »

LI TROUBAIRE

A JÓUSÈ ROUMANIHO EM' IS AUTOUR DÓU LIBRE CALENDAU.

TRADUCIOUN DE TEODOR AUBANEL.

SCENO : *L'estable de Betelèn.*

SANT JÓUSÈ.

O vautre que venès, lis iue vers lis estello,
Quau sias ? Cen de lausié, l'espaso sanguinello
Noun se vèi trelusi pamens à vosto man ;
Noun porto, voste pie, la cuirasso d'aram :
Quau sias dounc, estrangié savènt e barrulaire,
Qu'eici vous gandissès, aniue que jalo en l'aire ?

LIS ESTRANGIÉ.

Sian li fiéu de renoum, sian li Troubaire rèi,
Que li pople esmougu courounon, o bon vièi,
E venèn au-jour-d'uei adoura noste Mèstre
E pausa davans éu tout ço que poudèn èstre.

ST. JOSEPH.

« Oh! sweet your voice as music on the sea,
   « Or honey dropping from the golden comb!
« But, lo! ye seem as poor, as poor to me
   « As homeless exiles hungering for home:
« Whom nations crown are vested gorgeously,
   « And live at ease beneath a pictured dome. »

THE STRANGERS.

« O Sage, be silent!—we extend our sway
« O'er spacious kingdoms brighter than Cathay;
« But now we would our sovran Saviour greet,
« And spread our treasures at His sacred feet. »

ST. JOSEPH.

« Strangers! I see no treasures that ye bring,
   « Albeit ye speak so boastingly and bold;
« Possessionless ye seem—without a thing,
   « Beyond your lyres immeasurably old:—
« The shepherd swains brought many an offering
   « Of cheese and fruits, nor spoke of gems and gold... »

THE STRANGERS.

« Nay, mock us not, good Father!—monarchs wise
« Our produce poor o'er blazing jewels prize;
« And oh! we would our Maker's face adore,
« And lay our choicest gifts His feet before. »

SANT JÓUSÈ.

Oh! douço es vosto voues coume un cant sus lis oundo,
Douço coume lou mèu raiant di bresco bloundo;
Mai avès l'èr, ma fe, que-noun-sai paure, e tau
Que li despatria que plouron soun oustau.
Li courouna di pople an richo vestiduro,
E se chalon en de palais plen de pinturo.

LIS ESTRANGIÉ.

O sage, teisas-vous! que noste empèri es mai
Grandas, mai trelusènt qu'aquéli dóu Catai.
Vès, soulamen i pèd de noste bèu Sauvaire
Tóuti nòsti tresor pèr aro voulèn traire.

SANT JÓUSÈ.

Estrangié, mounte soun vòsti tresor? En gràci,
Parlés plus emé tant d'ourguei e tant d'audàci!
Vese proun qu'arribas emé rèn dins li man,
Senoun vòsti fanfòni autan vièio qu'Adam.
Li pastre m'adusien de frucho e d'àutri douno,
E parlavon pas tant d'argènt ni de courouno.

LIS ESTRANGIÉ.

Mai noun, vous trufés pas de nous-autre, bon vièi!
Ço qu'adusèn, pecaire, en proun de sàgi rèi
Agrado mai que l'or!... E vourrian, adouraire,
Pausa nòsti presènt davans noste Emperaire...

The door flew open, and the Poets true
   The modest stable entered one by one,
And there upon their knees themselves they threw,
   And bent like sunflowers bending to the sun,—
For well amid the gloom their Lord they knew,
   In light arrayed as in apparel spun;
And then they snatched their lyres, and woke a strain
Of joy melodious echoing amain,
That far and wide the starry welkin rung,
Whilst Heaven recognised a sister tongue.

A grand assembly! Here, in twilight dim,
   The star of morning bickering on his brow,
Kneels the swart Florentine, not seldom grim,
   But flush of rosy tendernesses now;
And Albion's sightless poet close to him—
   The same to whom the Powers Primeval bow;
Tasso is here with fevered eyes aglow,
And looking his own Moses—Angelo;
Thy Saint, Assisi! he whose love-struck soul
Burns in his bosom like a blazing coal.

And more and more! With Calderon devout,
   Clad in a mantle of voluminous black,
Comes Young, the starlight watcher, and a rout
   Of ardent travellers in David's track;
Nor stays Virgilian Vida long without,
   Nor red Prudentius—laureate of the rack!
Corneille is nigh, magnificent of thought—
Supreme proclaimer of the grand word *Ought!*
And holy Klopstock, lifting to the light
Of Mary's son the bannered portrait white.

La porto enfin se duerb : li Barde veritable
S'avançon, un pèr un, dins lou marrit establie.
Se jiton à geinoun e se clinon, fidèu,
Coumo aquelo flour d'or que seguis lou soulèu ;
Car recounèisson bèn, dins l'oumbro de la bòri,
Soun Segnour trelusènt dins soun vièsti de glòri :
E cadun pren sa liro, alor ; e sa cansoun
D'alegresso, à l'entour, mòu uno fernisoun
Tant douço, que lis astre eilamount trefoulisson
E que lis esperit celèste l'aplaudisson.

Dins aquéu calabrun, queto court noblo e bello !
Dóu matin, sus soun front, pourtant la claro estello,
Aro noun sournaru, mai dous, amourousi,
S'ageinouio umblamen lou Flourentin brounzi [49].
L'Avugle d'Aubioun, en quau plegas la tèsto,
Puissanço primourdialo ! aqui-contro s'arrèsto [50].
I'a lou Tasso, emé d'iue flamejant e febrous ;
Devouri de tendresso, enca mai arderous,
Emé soun cor de fio i'a toun patroun, Assise [51],
E Miquèl-Ange emé sa caro de Mouïse.

Lou devot Calderoun s'avanço dins sa roupo ;
Pièi Young, trèvo de niue ; e sèmpre creis la troupo ;
Vèn tout un escabot de caminaire ardènt
Dins la draio de Dàvi ; e Corneille, metènt
Adamount subre tout lou *Devé*, grand pensaire,
Di sentimen di rèi intrepide pesaire ;
E Vida, de Virgile emule, es en camin ;
E Prudènci, di Sant cantaire cremesin ;
E Klopstock, lou pious Oumèro dóu Messìo,
Qu'enauro lou retra dóu blanc Fiéu de Marìo.

The Minstrels they of Christendom! They sung
   In married strains their descants to the Lord,
Some humouring their lyres, whilst others flung
   Broad hands of ardour o'er each thunderous chord;
Here meek and pale the Bard of Olney hung
   His pensive head across the mild accord;
And there the youth, whose hands like waving wings
Floating aloft compressed the answering strings
Of his Arlesian lyre uplifted high—
A golden portent in the Muse's sky?

They sung the mighty Infant's wondrous birth,
   And how He left the sheeny courts above,—
The rosy splendours of the future Earth,—
   The spotted serpent nestling with the dove,—
Of meek Unselfishness,—of sinless Mirth,—
   Of Death the Beautiful,—of blessed Love:
And ever as they smote the living strings,
The darkness kindled with far-shining wings,
For all the sweet-faced servitors above
Stole down to listen when they sung of Love!

The Virgin Mary droops her pensive cheek,
   Bright as a lily neighboured by a rose;
Saint Joseph scarcely dares again to speak,
   But o'er his head his hands ecstatic close;
The baby countenance of Jesus weak
   With godlike meaning for a moment glows:
And o'er the scene a lovely silence lay,
As when the nightingales contend in May,—
For all night long exultingly they sung,
And hovering seraphs o'er the stable hung.

Acò 's li Menestrié dóu divin Crestianisme ;
Cantavon em' acord li lausour de l'Autisme ;
E dóu tèms que lis un chaspon la liro d'or,
Lis autre coume un tron largavon l'estrambord.
Lou Troubaire d'Olney, dous, atentiéu, clinavo
La tèsto vers l'acord qu'eilamount s'enanavo... 52
Mai quau es, emplana dins lis èr, lou jouvènt,
Que volo, peralin, e de si det savènt
Paupo li bèu resson de la liro Arlatenco,
Espantant dins lou cèu li Muso cerulenco ?... 53

Dóu pouderous Enfant cantavon la neissènço,
Coume quitè lou cèu e si magnificènço,
La rousenco esplendour de la terro à veni,
La couloumbo e la serp que se van reüni,
Lou dous Renounciamen e la casto Alegresso,
L'Amour beni, la Mort tant bello Segnouresso.
E dóu tèms que si cordo ansin restountissien,
Dintre la sourno niue d'alo trelusissien :
Èro lis Angeloun davalant à voulado
Pèr ausi de l'Amour li lausènjo estelado.

Marìo en escoutant clino sa gauto palo,
Coume un ile vesin d'uno roso pourpalo ;
Lou paure Sant Jóusè noun auso plus parla ;
E m' acò joun li man, ravi, desparaula ;
Dóu gènt Enfant Jèsus la caro mistoulino
S'escarrabiho un brèu d'uno façoun divino :
E sus la sceno règno un silènci amourous,
Coume l'amudimen di roussignòu urous ;
E dins soun estrambord tout lou tèms que cantèron,
Li Serafin, fasènt l'aleto, en l'èr istèron.

Thus flew the night-time, till the morning light
  Begun to break in streaks of yellow flame,—
For scarce they marked the passage of the night,
  So sweet a trance o'er all the conclave came.
And then the Poets left, with faces bright
  And love-struck hearts indifferent to fame.
And I have heard that gentle Jesus thought
The costly gifts the Magian Monarchs brought,
Not half so beautiful—not half so bright
As what were proffered Him, that glorious night.

Ansin passè la niue, d'aqui-que l'aubo primo
En rai de flamo d'or pounchejè sus li cimo.
Noun s'èron avisa qu'avié fini la niue,
Tant dous èro l'estàsi ! Emé la flamo is iue,
Lou cor ébri d'amour, enchaiènt de la glòri,
Li Troubaire enaura sourtien dóu counsistòri ;
E Jèsus, me l'an di, Jèsus amistadous,
Quand li Mage à si pèd venguèron ufanous,
Mai de la mita mens regardè si beloio
Que lis óuferto aducho aquelo niue de gloio.

TO THE LIZARD

I

Tiny Lizard, Lizard bright,
Flickering in the liquid light,
Well I love thy winsome sight!

Wherefore, Lizard, Lizard coy,
Do not by thy fright destroy
Of my love the guileless joy!

For to see thee am I fain
As the schimmer of the main,—
As the rainbow after rain,—

As the shell of fairy mould,—
As the daisy of the wold—
Rayed with silver, disked with gold:

Not because thy body frail
Glitters in a coat of mail,
With a gem for every scale;

AU LESERT

TRADUCIOUN DE FREDERI MISTRAL

I

Prim Lesert, Lesert courous,
Lusejant au soulèu rous,
De te vèire siéu urous !

Davans iéu, Lesert moudèste,
Que ta pòu adounc s'arrèste,
Pèr qu'aquéu bonur me rèste !

Car me fas autant de gau
Que dis erso lou fougau,
L'arc-de-sedo celestiau,

La couquiho acoulourido,
O l'agrèsto margarido
Qu'es d'argènt e d'or flourido :

Noun per-ço-que d'un auberc
Tout brihant de diamant verd
Toun cors fréule es recubert,

—Fairer in thy rich array
Than the Soldan of Cathay
On his coronation-day,

—Than the wing-borne son of Jove,
When the gorgeous clouds he clove
On his course to Joppa's cove :

Not alone because thou art
Timid as a virgin's heart,
Prone at every stir to start

(From thy nooky marble throne,
Where thou musest, still as stone,
Happy, innocent, alone,)

At the buzz of passing bee,
Or the berry dropping free
From the neighbouring holly-tree :

But, because, O Lizard fine !
In thy tastes, and those of mine,
I behold the self-same sign.

II

Like to thee, I love to haunt
Sites antique, and ruins gaunt,
Which the Years to poets grant ;

—Lonely spots, and fanes unknown,
Open to the sky alone,
Which majestic Memories own ;

— Autant riche e bèu ansindo
Coume un soubeiran dis Indo,
Quand sus lou trone se guindo,

O de Jòu lou fiéu alu
Quand fendié li nivo blu,
Escampant milo belu ; — ⁵⁴

Nimai per-ço-que, pecaire !
Sies cregnènt e boulegaire
Coume un cor de chato, au caire

De toun pichounet courtiéu
Ounte, siau e pensatiéu,
Te souleies tout l'estiéu,

Ounte, esmougu, te reviho
Lou cascai d'uno graviho
O lou vounvoun d'uno abiho ;

Mai de tu ço que me plais,
Fin Lesert, es que toun biais
Justamen au miéu retrais.

II

Coume tu voulountié trève
Li rouino, pleno de rève,
Ounte dóu passat m'entrève :

Castelas, tèmple, couvènt,
Vuei dubert i quatre vènt,
Mai d'Istòri grand savènt ;

—Storied Colosseums vast,
That across whole cities cast
Mighty shadows of the Past;

—Ledges on the fragrant hills,
Whence the tinkling brooklet trills
Thro' unminded daffodils.

Like to thee, I hide my head,
When I hear the stranger's tread
Strutting nigh my pensive shed.

Nor than thou no more I care
To frequent the crowded stair,
Which the slaves of Fashion wear.

As thou lovest, guileless One!
To reflect the fulgent Sun,
Void of whom is beauty none,—

Deep to drink his goldem streams,—
Sweet to feel his genial beams
Lighting thee with lovely gleams:

So, I fain would pass my days,
Basking in the golden blaze
Of Apollo's godlike gaze,—

Drinking in the rapture long,—
Bathing in the deluge strong
Of imperishable Song:

Lis Areno e si caverno
Que sus li ciéuta mouderno
Escampon soun oumbro eterno ;

E la colo emé si baus
Ounte canton en repaus
Li perdris dins lis avaus.

Coume tu, dins lou mistèri
Lèu m'escounde, s'un arlèri
Fai brusi soun treboulèri ;

E pas mai qu'à tu m'enchau
De trepa sus lou lindau
Que trapejon li badau.

Ames, creaturo misto,
Dóu soulèu te metre en visto,
Car sènso éu lou Bèu noun isto ;

Ames béure si rai d'or
E senti soun recounfort,
E lusi dins soun ressort.

Iéu ansin visquèsse entanto
Dins la souleiado santo
D'Apouloun, lou diéu que canto !

M'abéurant à soun trelus
E nadant dins soun enfus
De pouësìo, tout nus !

Out, whene'er the sacred eye
Of the Sun illumed the sky—
Sun—the Sun of Poesy;

In, within my chosen nook,
Whensoe'er with cloudy look
Heaven's arch the God forsook.

Oh, that God—my God and thine—
God, who makes thy body shine
In a panoply divine,

Would with His calm splendours kind,
By Eternal Art designed,
Fill the chambers of my mind,

And my least aspiring thought
Clothe with radiance glory-fraught,
From the depths etherial brought!

MANDADIS A FREDERI MISTRAL

De Maiano grand soulèu,
Qu'as daura lou fres tablèu
De Mirèio, dauro lèu

Emé la blioundo lusido
De ta lengo amourousido
Que regalo moun ausido,

Ah ! *deforo*, toujour vihe
E toujour escarrabihe
Lou soulèu e pèr tu brihe !

E *dedins*, dins moun oustau,
Que de-longo brihe tau
Apouloun, lume inmourtau !

O, que lou Diéu adourable
Que fai lusi sus toun rable
Un auberc tant amirable,

Emé l'auto resplendour,
Atribut dóu Creatour,
Iéu, m'ilumine à moun tour !

E di clàris espóussado
Que dóu cèu jito à brassado
Revestigue ma pensado !

MANDADIS A FREDERI MISTRAL

De Maiano grand soulèu,
Qu'as daura lou fres tablèu
De Mirèio, dauro lèu

Emé la bloundo lusido
De ta lengo amourousido
Que regalo moun ausido,

Dauro moun Lesert de gres
Que, pecaire! fai tres-tres
Dins soun abihage anglés,

E pourra belèu retraire
I lesert de toun terraire,
O Mistrau, tu qu'ame en fraire!

Dauro moun Lesert de gres
Que, pecaire! fai tres-tres
Dins soun abihage anglés,

E pourra belèu retraire
I lesert de toun terraire,
O Mistrau, tu qu'ame en fraire!

QUATRAINS

OF

HOLY LOVE

> «—God is good and the rest is breath.»
> ROBERT BROWNING.

I

The dazzling glare of sunny youth—
    The sinful city's noise—
Have dulled, O Lord! the starry sheen—
    Have drowned the woodland's voice.

My life hath been a dream,—my hopes
    Been built on empty air;
And Love grows flat, and Fame is long
    A premature despair.

When scenes of earthly favour fade,
    Then Heaven's prospects near;
The things in joyfulness we spurn
    We sorrowing revere.

LI QUATREN DOU SANT AMOUR

TRADUCIOUN DE FÈLIS GRAS.

«—Diéu es bon e lou rèsto es fumado.»
ROUBERT BROWNING.

I

Li grand cop de soulèu de la Jouvènço bello,
  Lou tron di vilo de pecat,
An escanti, Segnour, lou trelus dis estello,
  La voues di bos e di rouca.

Ma vido n'es esta qu'un pantai, — moun espèro
  Sus l'aire van aviéu basti;
E l'Amour vèn en òdi, e la Glòri sus terro
  I'a long-tèms que n'en fai pati.

Quand l'aflat d'eiçavau se chanjo en amaresso,
  Mountan au païs celestiau;
E ço que mespresan dins nòstis alegresso,
  Dins nòsti doulour nous fai gau.

I will not do, as days agone,
   My paths shall altered be ;
Me Duty's calm triumphant wings
   Shall lift henceforth to Thee—

To Thee, sweet Lord ! the limpid spring
   Of every beauteous truth :
Avaunt, ye turbid pools, wherein
   I wont to plunge my youth !

II

Yea ! forth from Grief and caverned Care,
   These still convictions flow :
« There is no painless pleasure, here,—
   No perfect peace, below : »

The rose of Love is thick with thorns,—
   Like frost Ambition burns,—
And Pleasure, Glory, Gold, and Power
   Disgust us each in turns :

Except on God's sole love we lean,
   Whence plenteous balms distil,
And meek our jarring wills atune
   To His harmonious will.

For, sweet to praise him, should he send
   Of bliss the scented wind ;
And should he fling the bolts of bale,
   O sweet to be resigned !

Bandirai plus ma nau sus la mar tempestouso
　　Coume autre-tèms ; siéu proun batu.
Lis alo dóu Devé, tant douço e pouderouso,
　　Aro m'enaussaran vers Tu, —

Vers Tu, moun bèu Segnour, o font siavo e clareto
　　De touto bello verita :
Liuen dounc li gourg nitous ! moun amo jouveineto
　　I'a bèn deja que trop nada.

II

Aquesto counvicioun, vuei lou counfèsse, coulo
　　Di soucit, dis àrsi mourtau :
Car i'a ges de plesi sèns doulour que treboulo,
　　Ges de pas sereno eiçavau !

La roso de l'Amour nais dins l'espino flòri ;
　　L'Ambicioun torro coume un glas,
E l'Or e lou Poudé, lou Bonur e la Glòri
　　Chascun à soun tour nous fan las ;

Eiceta s'embrassan l'amour de Diéu, que largo
　　Sus lis amo un baume aboundous,
Quand nosto voulounta douçamen se descargo
　　Sus soun agrat armounious.

Car de benesi Diéu es dous quand Éu nous mando
　　Lou vènt prefuma dóu bonur,
E de se resigna tambèn, quand nous coumando
　　Emé lou tron di gros malur ;

O sweet! since loud our hearts confess,
   Whatever may befall,
That Love is still the secret law,
   Which guides and governs all,

—Fair Love, the conqueror supreme,
   Tho' veiled he sometime be,—
The point to which all things converge,—
   The all-absorbing sea,—

Of Good and Ill, and Weal and Woe,
   The comprehensive goal,—
The grand arch-attribute of God,—
   Of God the central soul.

III

Let priests with daubings coarse and grim,
   Great God! thy face defile,
And oft to cruel scowls distort
   Thy soft and lovesome smile;

And make Thee, God! a tyrant fell—
   A savage despot proud—
With sleek hands, glutinous with gore,
   And tongue denouncing loud,—

A hellish potentate accurst,—
   Who had he here his birth,
A hundred hosts would rise like one,
   To sweep him from the earth.

Es dous perqué l'Amour nous ensigno à voues auto :
    Vèngue çò que poudra veni ;
E l'Amour es toujour la lèi que noun defauto
    E qu' a touto causo à regi.

Bèl Amour ! o suprème e divin counquistaire,
    — Emai t'acates i'a de fes, —
O cèntre resplendènt ounte tout vèn se traire,
    Mar sèns ribo qu'espargno res !

E de Bèn e de Mau, de Bonur e de Lagno,
    Soulet but de tout çò qu'es viéu,
Grand atribut de Diéu e que sèmpre acoumpagno
    L'idèio perfèto de Diéu !

III

Que lou faus prèire emé soun orre mascarage,
    Grand Diéu, nèble toun front divin,
E chanje en espavènt sus toun reiau carage
    Toun bèu sourrire celestin,

E te mostre, o moun Diéu, coume un tiran ferouge,
    Orre despoto di nacioun,
La man traito, li bras e li man de sang rouge,
    E n'aguènt que maladicioun,

Un puissant infernau que soun pèd tout engruno,
    Que, s'eiçavau veni' à toumba,
Cènt armado segur se levarien tout-d'uno
    Pèr de la terro l'escouba...

Yea! let them scourge, like lagging slaves,
   The nations to thy door;
At least, O Lord! for love of Love,
   I'd lie thy feet before.

Thee, void of fear, I'd « Parent » call—
   « My Father » ever blest—
Like Jesus Christ, thy chosen child—
   Of all thy sons the best.

In perfect full abandonment
   Dissolving at thy side,
My soul would echo love for love,
   Like some enamoured bride.

Or child-like looking in thy face
   With frank and fearless trust,
Altho' Thou art refulgent fire,
   And I but trodden dust.

For Thee, O Beauty Old! I'll bless—
   Thee, O thou Beauty New!
And make my heart a lily-cup
   To catch thy holy dew.

I'll hearken to my heart alone,
   Which tells me Thou art « Love, »
And love Thee, so my *death* below
   May be my *birth* above.

Eh bèn ! coume l'esclau, visque dins l'escaufèstre,
    Quau noun viéu, Segnour, toun sujèt !
Pèr l'amour de l'Amour, o moun Diéu, o moun mèstre,
    Iéu me coucharai à ti pèd.

Sèns pòu, te soumarai, Tu, l'autour de ma vido,
    Moun paire dins lou Paradis,
Coume toun fiéu divin, l'enfant de ta chausido,
    L'incoumparable Jèsus-Crist.

Dins l'abandoun de tout pèr Tu, moun amo urouso
    Se foundra coume cire au four,
E moun amo pariero à la nòvio amourouso
    N'aura qu'un crid : — « Amour ! Amour ! »

E iéu countemplarai ta fàci bèn amado
    Sèns pòu coume un pichot enfant,
Emai noun fugue rèn que de pousso trepado,
    E Tu de rai esbrihaudant.

E te benesirai, Bèuta sènso magagno,
    Antico e nouvello Bèuta ;
Moun cor pèr recassa d'amount ta santo eigagno
    En iéli blanc se chanjara.

Escoutarai moun cor qu'en Tu soulet espèro,
    Me disènt que noun sies qu'Amour ;
E t'amarai pèr fin que ma mort sus la terro
    Fugue en aut ma neissènço, un jour !

IV

Right thro' each new successive link
    Of Life's eternal chain,
Which I, like bird from bough to bough,
    From star to star shall gain—

(Thro' Mars, and Saturn's ringèd realm
    By four fair moons carest,—
Beyond the « Bears »,— beyond the star
    Which tips Orion's crest;

On—on, thro' each progressive form
    My Protean spirit dons;
Thro' planets new careering round
    New unimagined suns;

Thro' myriad lives in all the spheres
    Which make the « Milky Way; »
Thro' bee-like knots of golden worlds
    That drink Arcturus' ray)—

Until I reach the topmost branch
    Of Being's mighty tree,
Where, climax of my fate, I shall
    Be swallowed up in Thee,

My faith in thine exhaustless love—
    In thy paternal care—
Shall be the Weapon of my will—
    The Banner I shall bear,—

IV

Es ansin qu'à travès chasco nouvello anello
    De la vido e l'eternita,
Coume volo un aucèu, iéu, d'estello en estello,
    Anarai sènso m'arresta ;

Pu liuen que Mars, pu liuen que Saturne, bèl astre
    Que de quatre luno a 'n poutoun ;
Pu liuen que li dos Ourso e l'Estello dóu Pastre
    E que l'espaso d'Ourioun ;

Mountant sèmpre à travès chasco formo creissènto
    Que pren moun amo de Proutiéu ;
A travès li planeto e li luno mouvènto
    A l'entour di soulèu de Diéu ;

A travès lou milioun de vido escampihado
    Que formon lou camin d'Alis,
E l'eissame abihen di mounde, qu' à miriado
    Béu l'esplendour dóu Paradis ;

Fin-qu'ajougne amoundaut la branco la plus auto
    Dóu grand aubre noun couneigu,
Ounte à noste destin plus rèn alor defauto,
    E que vague me perdre en Tu,

Ma fe dins toun amour sèns fin que tout abraso,
    Dins ti siuen tant tèndre de pai,
Ve, de ma voulounta sara la forto espaso
    E lou drapèu que pourtarai ;

More closely clutched—more proudly borne
   Thro' each promoted change,
As sharpening sense and opening soul
   Command a grander range—

A grander range o'er height and depth
   Than lowly earth conceives,
No longer wildered with the mist
   Which Sense around us weaves:

Till lo! the fading fogs withdraw,
   And all the Past appears;
And, like a mighty map unfurled,
   My Pre-existence clears,—

The thousand lives in turns I led,
   Converged in close array,
And basking in the vivid blaze
   Of Love's triumphant day.

So marks the peak-throned mountaineer
   (The summit scaled at last)
The cantons he has travelled through—
   The torrents he has past—

Close-gathered to his gladdened eye,
   Beneath his rising hand;
The Sovran Sun with floods of light
   Is deluging the land!

Que pourtarai tant fièr, qu'arraparai tant forto
　　　A travès tant de gradacioun ;
Car moun amo coumando e l'esperit m'emporto
　　　Au plus aut de la creacioun :

Mai sublìmi cresten e mai prefóundi baisso
　　　Que la terro pòu pantaia,
E senso erra jamai dins li nèblo que laisso
　　　La car à l'esprit embouia.

Mai veici qu'à cha-pau l'escur se revertego
　　　E qu'aparèis tout lou passat ;
Coume un encartamen inmènse se desplego,
　　　Mostro en iéu ço qu'èro esfaça, —

Li milo vido qu'ai viscudo soun mesclado
　　　E tóutis ensèn fan qu'un jour,
Aluminado pèr la vivo souleiado
　　　De la vitòri de l'Amour.

Ansin lou mountagnòu entrouna sus l'aresto
　　　Dóu piue qu'à la fin a 'scala,
Countèmplo li coustiero, e li vau, e li cresto
　　　E li gaudre qu'à trevala ;

Li vèi souto soun iue recampa dins la baisso,
　　　Souto si man, e s'esbahis ;
Mai lou reiau soulèu, de fio, de lume à raisso,
　　　Ennègo en plen tout lou païs !

————

LOVE IS YOUNG

SONNET

All things are old; but Love makes all things new,
　Tho' Love is old as ancient Paradise.
　Love's hands dropt rosebuds o'er the earliest ice;
Love's feet were pearlèd with the primal dew:
Yet Love is young;—the very same who flew
　Direct from God, when Adam clasped his bride,
　Is still the Love, of both our hearts descried,
Who walks with folded wings betwixt us two.
Then wonder not, sweet love! if all I say
　Be quaint old rites of antiquated wooing:—
The dove—the nightingale—the month of May
　Are ever new—their ancient selves renewing:
So my stale love afresh each day is born—
At even old, and young again at morn.

L'AMOUR ES JOUINE

SOUNET

TRADUCIOUN D'ANSÈUME MATHIEU.

Tout es vièi, l'Amour fai touto causo nouvello,
Pamens es autant vièi que l'encian Paradis ;
La roso, au proumié jour, dins si man s'espandis,
L'eigagno sus si pèd goutejo en perlo bello.

Pamens l'Amour es jouine ; aquéu, tant couladis,
Que venie, quand Adam embrassè sa piéucello,
Es éu qu'entre-mitan de nautre, o jouvencello,
Sis alo replegant, camino e trefoulis.

Dounc, fau pasque l'estoune, amigo, moun lengage,
S'es enca lou parla de l'encian calignage :
Tourtouro, roussignòu, vióuleto e mes de Mai

Soun peréu sèmpre jouine en travessant lis age ;
Ansin de moun amour que chasque jour renai,
Vièi de-vèspre, au matin es jouine sèmpre mai.

IN A CERTAIN VALLEY

With dreamy eyes, prophetical of bliss,
Oft have I fancied such a spot as this,
    Ambitioning amid
Such happy hollows to be held and hid.

Afar the stifling City—matted heap
Of things that fawn, and sting, and twist, and creep;
    Where Fraud her lucre plies,
And bird-head Folly struts with saucy eyes!

Afar the needful lies the world which rule,—
The weary intercourse with knave and fool,—
    Of friends the ghastly smirk,—
Of foes and kin the, 'virtue'-venomed dirk!

Here, would I live unnoticed and unknown,
As tho' beneath the cold sepulchral stone,
    Whereon yew-berries drop,
And chirping little redbreasts love to hop:

DINS UNO VAU QUE SABE

TRADUCIOUN D'ANTONI-BLAS CROUSILLAT.

En douço revarié, souvènt mou'n amo a vist
Un endré tout plasènt coume esto valounado,
  Ounte bèn siavo, m'es avis,
Sarié, de-rescoundoun, ma videto abenado.

Alin la Vilo estucho, estrange boulimen
Ounte grouvo e se tors l'oumenenco vermino...
  Ount se chalo l'Abourdimen,
E fièro, au grand soulèu, la Soutiso camino.

Alin la Fraudo urouso empielant sèns remors, —
L'Errour acouquinido à gaubeja lou mounde —
  Lou sòci que flatejo e mord —
L'enemi, lou parènt qu'en vous dagant s'escounde. —

Eici, voudriéu ista, tranquile garrigau,
Coume s'ère jasènt dintre la toumbo frejo,
  Ounte vèn piéuta lou rigau,
E sus lis èurre en flour l'abiho voulastrejo ;

Here, where the fields with tender bleatings ring,
Where gladsome brooks by happy threshholds sing,
    Where grassy combes ascend,
And amorous trees o'er liquid mirrors bend:

Where, haply, more and more, calm Wisdom scorns
Gaudy Ambition on his throne of thorns,
    And destitute of life
Are Craft, and Care, and dull ignoble Strife:

Where scents, unknown to Caliph and to Khan,
The juicy meadows yield to child and man;
    Where Love with folded wing
Amid the charmèd silence longs to sing!

Eici, vounte s'ausis lou bela di troupèu,
Lou cascaia di riéu qu'entre li mas varaion;
  Ounte lis aubre escalon bèu.
E dins li clar d'azur amourous se miraion;

Ounte, calmo, à despart, la Sagesso descènd
Pèr vous fai' desdegna glòri, tresor, autesso,
  E moron dins vosto amo ensèn
Pensamen e soucit, òdi e malo tristesso ;

Ounte prado flourido e planturous fruchau
Eisalon de perfum digne de l'Arabìo,
  E de canta l'Amour s'enchau,
E de Jouvènço enca lou cor s'escarrabìo.

TO MOSES

SONNET

Grandest of legislators! first of men!
   Thou of the hornèd front and look sublime ;
   Before whose presence large, of every clime
The mightiest dwarve and dwindle, now as then !
Sire of the Sabbath ! chief ! whose eagle ken
   Didst lift a people sunward from the slime ;
   Of God the mouth-piece, o'er the gulph of Time
Whose words re-echo, audible as when
They ruled that Red-sea surge ! Like earth and air,
   Thine influence girds us still : great thoughts, which l
Up the high nations, are thy progeny—
   Connected links of thy primeval chain :
The brow of towering Cæsar bends to thee—
   To thee the clustered crowns of Charlemain !

A MOUISE

SOUNET

TRADUCIOUN D'ANTONI-BLAS CROUSILLAT.

Noble front embana, bèu trelusènt carage,
Mouïse, ome gigant, rèi di legislatour,
Davans ta fièro estampo, encuei coume autre viage,
Tóuti — pichot nanet — s'amaton li majour.

O paire dóu Sabat, capoulié ferme e sage
Trasènt un pople esclau de l'oumbro à l'esplendour,
Ta voues, èco dóu Cèu, trono à travès lis age,
E la terro aboucado escouto lou Segnour.

Coume estrassè la mar, coume fendè la roco,
Ta paraulo toujour nous mestrejo e pretoco ;
Encaro à toun flambèu caminon li nacioun :

Sènso tu lou Prougrès noun farié que mau-traire :
E tau vòu s'enaura, prince, rèi, emperaire,
Qu'umble à ti pèd se clino, en grand veneracioun.

TO A LADY

In sighs my breath will waste away,—
  Mine eyes will fill with tears,
When none are near sweet words to say—
  None near to foil my fears,
  And soothe my saddened ears.
Thro' dreamy days, thro' wakeful nights,
  How I shall toss and pine,
Because I cannot see thy face,—
  Because thou art not mine!

A pearl imprisoned in the shell
  My passion pure must be,—
A silver sound from out the bell
  That may not be made free,
  For either grief or glee:
But still I'll throne it in my heart
  That with thine image glows,
As thou between thy snowy breasts
  Dost seat that single rose!

A-N-UNO DAMO

TRADUCIOUN D'ANSÈUME MATHIEU.

Moun alen, en souspir, aro s'abenara,
    Mis iue s'empliran de lagremo,
Aro qu'es liuen de iéu la gènto e douço femo,
E qu'amourousamen plus res me parlara ;
    Plus res, de si tèndri babiho,
Qu'endorme mi doulour e 'ncante moun auriho.
Dins la vido soulet languirai tout-de-long
Emé de jour sèns reve e de niue sènso som ;
Per-co-que pode pas vèire ta bello caro,
    Per-co-que sies pas miéuno encaro !

Coume dins sa couquiho uno perlo en presoun,
    Coume lou son d'uno campano
Que soun balin-balant argentau noun s'esvano
Pèr joio o pèr doulour, e qu'a gens de trignoun,
    Fau que la flamo fugue puro
De moun amour pèr tu ; vole que, tant que duro,
Mestreje sus moun cor e luse esbrihaudant
De toun image tèndre... Ansin, entre-mitan
De ti dous sen de nèu, metes, bello amigueto,
    Uno roso touto souleto.

NARANJA

(WHOM I KNEW FORMERLY IN BELGIUM)

Ere Love her little heart had won,
   When first I saw Naranja,
   She was an orange-blossom
      Unopened to the sun,
—A tender flower of perfect white,
Shedding around a perfume light.

But Love hath sunned her blossom white,
   Since last I saw Naranja,
   And now she is an orange
      Superb, and plump, and bright,
—A golden fruit for Venus' use—
Full of flavour—full of juice.

NARANGE

(QU'AI COUNEIGUDO AUTRI-FES EN BELGICO)

TRADUCIOUN D'ANSÈUME MATHIEU.

Avans qu'Amour gagnèsse soun cor d'ange,
Lou proumié cop que veguère Narange [55],
Èro un boutoun de flour d'arange
Noun espandi pèr lou soulèu,
— Tendre boutoun, delicat, blanquinèu,
Qu'escampo à soun entour un dous prefum de mèu!

Oh! mai l'Amour a souleia noste ange,
E desempièi que veguère Narange,
Es devengudo un bèl arange
Redoun, poupin, esbrihaudant de lus,
— Riche fru d'or pèr li jo de Venus —
Deleitable en sabour e boudenfle de jus.

TO FREDERICK MISTRAL

(On reading Mireille in the translation Only)

EPIGRAM

Deuce take thee, Mistral! thy melodious will
    Compels me on Provençal to be nailed:
I love *Mireille*, and am unhappy, till
    I see the fair one — *utterly unveiled!*

                  Avignon, Dec. 10th, 1859.

FINIS.

A FREDERI MISTRAL

(En legissènt pèr la proumiero fes Mirèio dins la Traducioun)

EPIGRAMO

TRADUCIOUN D'ANSÈUME MATHIEU.

Que lou Diable t'emporte, o Mistrau ! toun poudé
Me fai au Prouvençau susa, rouiga mi det :
Embriago d'amour pèr Mirèio, mau-traise
D'aqui-que dins soun nus iéu la mire e la baise !

Avignoun, 10 de Desèmbre, 1859.

FIN.

NOTES

DES

« PARPAIOUN BLU »

NOTES

DES « PARPAIOUN BLU »

Page 1. —

Coume ai vist à Valènço, à la fèsto d'Abriéu.

Allusion à la fête de Saint Vincent-Ferrier, qui est célébrée à Valence (en Espagne) le 5, et jours suivants, du mois d'Avril, avec beaucoup de solennité et d'éclat. Entre cent coutumes religieusement conservées, on y a l'habitude de laisser échapper dans la foule, pendant les processions qui parcourent journellement la ville, des petits oiseaux captifs de toute espèce, enjolivés de faveurs, en signe naïf de joie et de reconnaissance.

Page 6. Note 1. — *Sus la Pèço dóu* Catoun. — Voir le charmant morceau de ce nom dans *La Farandoulo* de M. Anselme Mathieu, *lou Felibre di Poutoun*.

Page 7. Note 2. — *La Bartalasso*. — Ile boisée du Rhône d'une étendue considérable vis-à-vis d'Avignon, promenade favorite des habitants de cette ville pendant la belle saison.

Page 7. Note 3. —

A moun couide, lou vin dóu Felibre Mathieu.

C'est-à-dire, le vin des *Coumbo-Masco* (Vallées magiques), un des meilleurs vignobles du terroir de Châteauneuf-du-Pape, si renommé pour ses crus généreux. Situé au couchant de la colline de Couloumbis, il appartient à la famille du poëte.

Page 10. Note 4. — *En arribant au vilage d'Ellen.* — Méprise ! Le nom est *Ellenz*, mais grâce à une erreur de typographie dans ma carte, j'ai cru pour le moment que le lieu se nommait *Ellen*.

Page 10. Note 5. —

Vole iéu t'apela l'Uioun de la Mousello !

« Pæninsularum, Sirmio, insularumque
« Ocelle, — »

Catullus : Carmen XXXI.

Page 11. Note 6. —

E coume sus li pèço, etc.

Des médailles de Vespasien représentent la conquete de la Judée sous l'image d'une belle femme en pleurs, assise sous un palmier, avec cet exergue : *Judæa capta.*

Page 21. Note 7. —

Emai la Vierge daurado.

Sur le clocher (réparé en 1431) de l'Église métropolitaine de Notre-Dame-des Doms a été érigée le 24 octobre 1859, cette statue dorée de la Vierge, qui, par sa lourdeur et sa splendeur prétentieuse, attire et offusque l'œil de tout étranger passant par Avignon. Dominant le Palais des Papes et les campagnes d'alentour, elle me semble (et je crois exprimer ici l'opinion de tous ceux qui ont le moindre sentiment artistique), elle me semble, relativement à son effet sur le paysage, un objet des plus *incongrus*. Qu'on mette, ou qu'on ne mette pas, sur des piédestaux, à l'entrée des villages ou dans les carrefours, ces Vierges solitaires et modernes qui ont pris la place des Vierges-Mères des grands siècles de foi, ce n'est pas ici le lieu ni le moment de le discuter ; mais je désire protester, au nom de la Beauté éternelle, contre ce prurit clérical ou municipal qui a couronné un des monuments les plus augustes et les plus grandioses du passé, d'une statue banale sortie, non de l'atelier d'un artiste, mais d'une fonderie quelconque. Nous avons (et Saint Ignace le sait!) nos églises farcies de mesquineries et de colifichets barbares : d'un côté, pour représenter l'Amour divin, on voit des cœurs-de-bœuf saignants, objets, on le croirait, d'un culte de bouchers ; de l'autre, nous rencontrons des Saints et des Saintes peints comme des mannequins de perruquier par des mains ineptes et triviales, mais que Dieu nous garde d'offenser l'œil du bon goût par des monstruosités en plein air ! On rit beaucoup, et avec raison, d'une statue équestre très raide de Wellington qui écrase par sa masse un arc-de-triomphe de Londres, comme aussi d'un Nelson en pierre, dont le piédestal est mi-parti de bronze. Avignon et Tarascon tiennent à nous prouver que les Anglais n'ont pas le monopole des monuments ridicules ! Car, s'il est vrai qu'un chapeau d'amiral français sur la tête du Moïse de Michel-Ange serait une chose odieusement blessante, il en est de même, à mon avis, de la susdite Madone dorée sur la masse imposante et vénérable du Palais des Papes.

Page 22. Note 8. —

*Es toun pont encaro amount,
Benezet, sus l'aigo sourdo ?*

De ce pont célèbre, qui jadis unissait les deux rives du Rhône, et qui fût bâti, de 1177 à 1188, par un jeune berger du Vivarais, Saint Bénézet, d'une manière quasi miraculeuse, il ne reste aujourd'hui plus que quatre arches, remarquables par la légèreté et la hardiesse de leur construction. Les autres quinze furent détruites, il y a six siècles, non pas par le temps ni l'orage, mais par cette guerre néfaste qui ruina, avec la vie nationale du Midi, un grand nombre de ses plus beaux monuments.

Page 22. Note 9. —

*Soun madur, o Cavaioun,
Ti meloun e ti coucourdo ?*

Cavaillon, petite ville et ancien évêché, sur la Durance, très renommée pour ses cucurbitacées. Il y a peu de temps que l'auteur de *Monte-Christo*, en vrai seigneur du bon vieux temps, a imposé, en échange du don de ses œuvres innombrables à la Bibliothèque de la ville, un tribut annuel de deux douzaines de melons, que les Cavaillonais, il faut l'espérer, lui fourniront toujours sans se plaindre.

Page 22. Note 10. —

Vuei, lou vin di Coumbo-Masco.

Voir la note 3, page 7.

Page 22. Note 11. —

Pèr lou jour de la Tarasco.

Tout le monde a entendu parler de la Tarasque, dragon ou hydre qui, d'après la tradition, ravageait les bords du Rhône et fut dompté par Sainte Marthe. Chaque année, les Tarasconais célèbrent leur délivrance par l'exhibition d'un simulacre de ce monstre, que des hommes portent à la course à travers les rues; et à des époques plus ou moins rapprochées, on rehausse cette fête par une foule de jeux. La dernière célébration de ces jeux eut lieu en 1861; un compte-rendu en fut publié par M. F. Mistral, qui y assistait; il se trouve dans l'*Armana prouvençau* de 1862. M. Amédée Pichot, d'Arles, qui a tant fait, dans sa longue carrière littéraire, pour illustrer son pays bien-aimé, a donné aussi une fidèle description de cette fête populaire, « dont il faut, » dit-il, « bien se garder de « médire, car la Tarasque est à la fois, pour Tarascon, ce « qu'était le Palladium pour la ville de Priam, le veau « d'or pour Israël idolâtre, le dieu Bel pour les Babylo- « niens. » Un auteur du cru, M. Désanat, a consacré à la Tarasque un poëme provençal.

Page 22. Note 12. —

Blanc grignoun dóu Vacarés.

Le Vacarés, dans l'île de Camargue, est un vaste ensemble de marécages, d'étangs salés et de lagunes. Pour les *blanc grignoun* (les blancs étalons) qui la fréquentent, voir la belle description que Mistral en fait au Chant IV de son premier chef-d'œuvre.

Page 35. Note 13. —

Se pausa sènso pòu cardelino e cigalo.

Dans les vies diverses de Saint François d'Assise, no- tamment dans ce livre délicieux, délicieux par le fond et par la forme, qui a pour titre : *Li Fioretti de San Francisco*, se trouvent bon nombre d'exemples de cette puissance surnaturelle sur les enfants de la Nature qu'a exercée le grand Théosophe du XIIIe siècle. Peu importe si nous le regardons comme l'effet de cet amour embrasé qui, par la force magnétique de la sympathie, attirait toute créature autour de lui, ou bien de l'énergie thaumaturgique de la grâce divine ; il n'y a rien de plus doux, de plus charmant, de plus céleste dans la biographie des Saints que ces naïves légendes, qui sont loin, je l'avoue, de me trouver sceptique. Saint François était poëte. Dans son ode célèbre *au Soleil*, un des premiers monuments de la langue italienne, et dans un sublime accès d'exaltation amoureuse, il appelle, ce qui dans sa bouche n'a rien de ridicule, le Soleil « son frère. »

Page 39. Note 14. —

Se m'adores, tu, coume divo bello,
Tamlèn iéu t'adore — em un moustachoun.

Le verbe provençal *adoura*, adorer, a aussi quelquefois le sens de frapper au visage. Voir *Calendau* de Mistral, c. III, et note.

Page 40. Note 15. — *A l'Evesque Fouquet.* — « Fouquet
« mourut en 1231 ; ses crimes ont été considérés comme
« lui ouvrant l'entrée du ciel. C'est un des Saints dont
« l'ordre de Citeaux se glorifie ; il est qualifié de *Bienheu-*
« *reux,* » etc., etc.

De la Littérature du Midi de l'Europe, de M. de Sismondi, vol. I, ch. VI.

Page 43. Note 16. —

Sant Abden e Sennen, etc.

Saints Abden et Sennen étaient deux frères, princes de Perse, qui souffrirent le martyre sous l'empereur Dèce, en 250, pour s'être refusés à sacrifier au Soleil, en se déclarant Chrétiens. Après leur mort, leurs reliques furent transportées dans la vallée de Vallespir en Roussillon, où elles sont encore l'objet de la vénération locale.

Page 44. Note 17. — Je ne puis m'empêcher de faire connaître à mes lecteurs transpyrénéens la traduction Catalane de cette pièce, que Don Victor Balaguer m'a fait l'honneur de m'envoyer, il y a peu de jours. La voici :

A ROSA-BELLA

Bella de la beltat de mil y mil estrellas,
Ets bella, o Rosa-bella, com una nit d'Agost,
Y'l contorn del teu front prou n'es mes pur cent voltas
Que 'ls senos rodonets de la Reina d'Amor.
De ta boca la veu per m'ánima entristida
N'es d'amorosa mel l'innagotable font ;
Y aixis com lo mirall atrau l'aucell qu'enxia,
Aixis ta cara lluent atrau mon pobre cor...
  O, ma Rosa tan bella !
  Ma dolsa Rosa-bella !
Tu 'm fas cantar, xisclar, y saltar com un foll !

Cuant jo te veig, mon cor ressona com un'harpa,
Y un torbelli es mon cap que gira tot entorn ;
Tant prompte jo m'enfons' del mar en un abisme,
Tant prompte fins al cel jo pujo y fins al sol :
Ja's desborda mon cor en frenesi de joia ;
Ja's desbordan mos ulls en un torrent de plors ;
Ja las y pensatiu perdut caich à sus plantas,
Ja per batrem' ab Deu me sento prompte y fort.
  O, ma Rosa tant bella !
  Ma dolsa Rosa-bella !
N'ets mon hiver gelat y mon estiu caldos !

Cuant jo te veig, te crech la llengua de l'Historia,
Que del ardent Amor ensalsa los transports:
La Mort es res, si 's viu tota una nit, Cleopatra,
Entre tos brasos pres, gaudintne ton amor;
Es res si un Adam Lux, tot al butxi remptantne,
L'amor per una morta va predicant per tot;
O si un Pere Vidal ardent y visionari,
Por sos gosos furents se fa cassar un jorn...
   O, ma Rosa tant bella!
   Ma dolsa Rosa-bella!
Per tu no 'm foren res ni la destral ni 'l foch!

Ara es cuant jo comprench perque la papallona,
Sensa '1 menor esglay, buscant lo foch d'amor,
Ne vola sempre entorn de l'ardorosa flama,
Fins que arriba à trobar la vida dins la mort;
Ara es cuant jo 'us comprench, o voladoras áligas,
A qui los raigs del sol encegau mes d'un cop;
Y ara comprench perque d'una flor en lo cálzer
Una abella s'adorm ubriacada d'olors...
   O, ma Rosa tant bella!
   Ma dolsa Rosa-bella!
Un instant de transport val mes que tot un mon!

Si tu n'ets mon estel, ma rosa, y m'aymia,
Jo t'aliga sere, t'abella, y papalló;
Per tu jo baixare als infernals abismes,
O arrostrare tranquil dels llamps los resplandors...
Fes que 'm cubreixe douchs ta llarga cabellera,
Fes que 'n tos ulls ardents ne xucle jo l'amor;
Fes que sente ton cor sota ma man estremirse,
Com un petit aucell dintre la ma d'un noy...
   O, ma Rosa tant bella!
   Ma dolsa Rosa-bella!
Deliro jo pot ser, mes se que no so foll!

VICT. BALAGUER.

Paris, 1 Mars, 1867.

Page 45. Note 18. —

— *Que la mort èro rèn, pesado em' uno niue*
Dins ti bras, Cleoupatro, au trelus de tis iue.

« Hæc (Cleopatra) • • tantæ pulchritudinis, ut multi noctem illius morte emerint. »

Sex. Aur. Victoris De Viris Illustribus, *cap.* LXXXIII.

Page 45. Note 19. —

— *Qu'un jouvènt, Adam Lux, esbrudissiè pèr orto,*
Se trufant di bourrèu, soun amour d'uno morto.

Quel lecteur de la grande Révolution française n'a pas remarqué le touchant épisode de ce jeune exalté ; — comme il fut soudainement frappé d'une passion sans égale, lors de son apparition sur l'échafaud, pour l'assassine angélique de Marat, — comme son enthousiasme le porta à jeter à la face de toute une nation momentanément courroucée cette brochure fougueuse qui avait pour épigraphe : «*Plus grande que Brutus*»; — enfin, comme il expia lui-même, peu de jours après, sur le même piédestal que son idole, son amoureuse audace, s'écriant toujours que la mort pour une telle cause était le plus beau des destins ?

Page 45. Note 20. —

— *E que Pèire Vidau, calignaire febrous,*
Se fasiè cousseja pèr de chinas furious.

« Peire Vidal » dit son biographe anonyme «amava la
« Loba de Pueg-nautier, se fazia apelar lop per ela e
« portava armas de lop. E en la montanha de Cabaretz el
« se fes cassar als pastors ab cas e ab maustis e ab
« lebriers, si com om cassa lop : e vestia una pel de lop
« per donar à entendre qu'el fos lop, » etc. — C'est-à-dire :
« Pèire Vidal aimait la Louve de Pueg-nautier, se faisait

« appeler loup à cause d'elle et portait armes de loup. Et,
« dans la montagne de Cabaretz, il se fit donner la chasse
« par les pasteurs avec chiens, mâtins et lévriers, exac-
« tement comme on chasse le loup : et il se vêtit d'une
« peau de loup pour faire comprendre qu'il était loup, » etc.
Dans cette étrange anecdote, que l'esprit viril de Cervantes
a adoptée dans une aventure bien connue de son *Don
Quichotte*, se trouve, entre le nombre infini d'étran-
getés chevaleresques rapportées dans les Vies des Troubadours, l'expression la plus frappante, l'exemple le
plus extraordinaire de ce culte d'Amour qui parfois se
tourna en fanatisme des plus bizarres. Il est vrai que
Pierre Vidal, doux chanteur qu'il était, fût regardé comme
fou par ses contemporains; mais fou ou non, sa conduite
à cette occasion était tout-à-fait dans le génie de son siècle, qui regarda les extravagances d'Amour avec une
faveur singulière, et les prôna comme des exemples dignes
de respect si non d'imitation.

Page 46. Note 21. — Dans cette pièce, j'ai essayé sous
la forme sensuelle d'une maîtresse d'exprimer l'Idéal,
auquel toute âme poétique doit nécessairement aspirer.

Page 62. Note 23. —

Es un sant lou que se taiso.

« Si quis in verbo non offendit: hic perfectus est vir, » etc.
Epistola Catholica Beati Jacobi Apostoli, cap. III, v. 2.

Page 63. Note 23. —

Uno lengo e dos auriho.

C'est le philosophe grec Zénon qui avait la coutume de
dire que Dieu nous a donné *deux oreilles et une bouche*
pour signifier que nous devrions parler peu et écouter
beaucoup.

Page 63. Note 24. —

> — *Au noum*
> *Dóu pau-parlo fiéu d'Ourtènsi.*

Napoléon III.

Page 63. Note 25. —

> — *Sant Brunoun*
> *Que bousquè la quietudo*
> *I plus àspri soulitudo.*

Le silence était, et est à présent, une des règles les mieux observées par l'ordre des Chartreux, dont Saint Bruno planta les racines, au onzième siècle, dans une âpre solitude des montagnes Dauphinoises, — la même où se trouve encore en pleine vie le célèbre monastère de *La Grande Chartreuse*. C'est dommage que je n'aie pas sous la main, pour la faire connaître à mes lecteurs, la belle ode latine du poëte anglais Gray, qui décrit en alcaïques pittoresques ce site sublime, toujours hanté par une crainte religieuse qui est, comme il l'exprime : « Severi religio loci ».

Page 70. Note 26. — *En responso à « La Coumtesso » de Frederi Mistral*. — Ce morceau, malgré ses allusions politiques contraires à la manière de penser de la majorité des juges, a été envoyé au concours des Jeux Floraux de Barcelone de 1867. Dans le volume ou compte-rendu de cette fête de la même année on en parle ainsi : « *Tambè deu fer menció honorifica lo Consistori d'una valenta poesia que vinguda de Provensa te per titol* : En responso à la Coumtesso de Frederi Mistrau. »

Page 71. Note 27. —

Lou mai courous di troubaire
Que pènson en catalan.

Victor Balaguer, de Barcelone, poëte, dramaturge, orateur, historien, publiciste, homme d'état — *l'homme de la Catalogne !*

Page 73. Note 28. —

L'Ardènto! l'Encabestrado,
Que gingoulo à soun arpo d'or.

L'Irlande, sujette de l'Angleterre depuis sept siècles, mais jusques à présent très imparfaitement conquise. Son blason, comme tout le monde le sait, est une harpe d'or.

Page 73. Note 29. —

Ounte, pèr forço e treitesso,
Coumbouris sa bello car.

La Catalogne, qui souffre, comme tant d'autres provinces en tant d'autres pays, d'une centralisation exagérée.

Page 74. Note 30. —

E de coussegre Esterello.

Esterello, l'héroïne du dernier poëme de Mistral, *Calendau*. Sans discuter si le poëte a eu l'intention de personnifier dans cette auguste création la Patrie Provençale dans sa plus haute expression, ou le parfait Amour (âme, selon la science de ses devanciers dans le Gai-Sçavoir, de toute belle et héroïque action), ou même la

Nature eternelle, qu'on veuille bien la prendre *ici* pour l'expression de l'Idéal pur et simple.

Page 77. Note 31. —

Se vuei de toun grand soulèu d'or
As souto un cèu de ploumb.

Voir le morceau de poésie que l'exilé Dom Victor a composé l'année passée à Anvers, intitulé *Anyoransa*, et dont le refrain est ainsi :

« O, que m'anyore, m'anyore,
« Sota aquel cel de ploumb. »

Page 78. Note 32. —

Vèi plus de ioun païs « la plajo serpentino. »

Serpentino, epithète donnée à la côte Catalane par Aribau dans sa grande pièce à la Patrie : « A Deu sias, turons, » etc.

Page 88. Note 32, *bis*. —

E recounèisse enca, souto lou mascarage,
L'iue sourne de Petrarco.

Sourne, sombre de chagrin patriotique non moins que d'amoureux ennui... Dans l'idée populaire, la mémoire de Pétrarque est presque exclusivement associée avec le nom de Laure ; mais, si la vérité était connue, il est possible que sa passion vantée ne prit pas plus de place dans le drame de sa vie que ses chants mélodieux dans le lourd in-folio de ses œuvres complètes. Pétrarque était un homme à plusieurs phases opposées. Fin courtisan, mais ami ardent, — aimant la société, mais heureux dans la solitude, — reclus, mais mondain, — sage ascétique, mais poëte amoureux passionné, — il était emphatiquement et avant tout l'Étudiant Ambitieux, avide des *doctarum praemia frontium*, — espèce de Sénèque du Moyen-Age hésitant entre les fascinations enflammées du pouvoir et les attraits sereins de la philosophie. Confident des papes et des princes, — conseiller des peuples, — vivant en termes familiers avec les plus grands esprits de son siècle, — s'il exerça, quoique indirectement, une profonde influence sur la politique de son temps, il ne faut pas oublier qu'il fut un des patriarches des lettres restaurées, et l'un des créateurs de sa langue paternelle, non moins assurément que le proxénète platonique (*the platonic pimp*), comme Lord Byron (*Don Juan*. ch. v. st. 1.) l'appelle si cyniquement.

Quant à l'objet célèbre de son amour, en l'honneur duquel il tailla et polit tant de fleurons et de camées poétiques, malgré tout ce qu'on a écrit sur lui jusqu'à cette heure, nous n'avons pas même la certitude de son nom. Était-ce une Laure de Sade, ou une Laure de Noves, ou une Laure des Baux ? Était-elle mariée ou vieille fille ? Sans enfants ou mère de plusieurs ? C'est là une question livrée aux controverses des baguenaudiers laborieux.

Quelle que soit la vérité, il est cependant probable que Laure était pour Pétrarque, *more poetico*, (le dirai-je?) une espèce de mannequin auquel il pouvait rattacher ses aspirations les plus intimes pour l'Idéal, — chaque enthousiasme de haute volée, — chaque mouvement passionné pour la perfection, — ou, c'est possible, ses désirs plus terrestres pour le laurier auquel plus haut nous avons fait allusion. Un usage chevaleresque des grands poëtes de cette époque (et les poëtes de cette époque avaient quelque chose de l'exaltation chevaleresque) était d'associer leurs goûts les plus élevés et leurs idéaux les plus éthérés avec les figures de leurs dames. Peu de temps avant, le Dante avait métamorphosé la Beatrice de sa flamme enfantine en une personnification de la théologie la plus sublime des sciences pour lui et la poursuite la plus noble, — son guide d'étoile en étoile, et sa conductrice devant la face même du Tout-Puissant. Un siècle ou deux plus tard, Colonna, le moine Vénitien, dans son *Hypnerotomachia* phantasmagorique (roman, pour le dire en passant, des plus somptueux et des plus curieux que je connaisse) allégorise sa dévotion embrasée à sa maîtresse *Polia* (d'où vient son nom de *Poliphile* qu'il s'est donné), dans une dévotion guère moins passionnée à l'architecture, ou l'embellissement artistique des villes (*Polia*, de πολις).

Mais si même ces spéculations furent sans fondement quant au poëte de Vaucluse, et même si ses louanges et ses plaintes n'eurent trait qu'à la personne, la Madona Laura de la vie réelle peut avoir été cependant tout autre chose que le parangon divin des *Sonetti* et des *Canzoni*. Quoique cela puisse sembler un peu paradoxal, la beauté frappante dans une maîtresse a souvent peu d'importance pour un homme de tempérament poétique. Tout ce qui est absolument nécessaire pour lui, c'est quelque sorte de croquis ou de contour que son imagination peut emplir, et quel que soit le spécimen du sexe, que le hazard, ou le caprice, ou la convenance, ou le fort besoin d'aimer, l'invite à adorer, son naturel sensible peut en recevoir une passion aussi violente que du plus parfait échantillon de beauté. La lumière qui entoure son idole émane moins d'elle que de lui-même. Ses mérites, qui peut-être ne sont pas visibles aux autres, lui, il les multiplie sans fin par des procédés subjectifs. On dit que l'estomac de l'autruche possède la faculté de digérer des pierres et des boules de fer. L'imagination du poëte n'est guère moins efficace dans sa puissance d'extraire le doux aliment d'amour d'objets comparativement vils et difficiles.

Page 88. Note 33. —

— *E la Rèino qu'avié*
Dins lou cros di doulour toujour aut lou carage.

Jeanne, ou comme les Provençaux, témoin César de Nostre-Dame, la nommaient familièrement Jeannette (*Janeto*), Reine de Naples et Comtesse de Provence, célèbre pour sa beauté, ses malheurs et ses crimes prétendus ou réels.

Page 88. Note 34. —

E Rienzi lou tribun.

Par l'ordre du Pape Clément VI, Rienzi fut incarcéré à Avignon, dans une des tours du Palais, « le pied atta- « ché à une chaîne dont le premier anneau était fixé au « sommet de la voûte. » Voir l'*Histoire des Souverains Pontifes qui ont siégé à Avignon*, par J. B. Joudou, tom. I, *p*. 296 : *Avignon*, 1855.

Page 88. Note 35. —

— *Aquelo que fugié,*
Pèr servi sa patrìo, un celèste mariage.

Sainte Catherine de Sienne, dont le mariage mystique avec le Sauveur a été un sujet favori pour les peintres religieux. Elle quitta son pays pour la cour d'Avignon avec le dessein de décider le Pape à revenir à Rome.

Page 90. Note 36. —

D'Irlando, moun païs — tafanàri dóu mounde.

Ce n'est pas moi qui donne cette désignation à mon pays, mais le poëte patriote Irlandais, le Docteur Drennan, et à cause surtout de sa position géographique:

« And at the back of Europe hurled, (*je cite de mémoire*)
« The base posterior of the world. »

Dans la *Gerusalemme Liberata*, (Chant I, St, XLIV.), le Tasse la désigne à peu près de même.

« La divisa dal mondo ultima Irlanda. »

Page 90. Note 37. —

Iéu, antan lou Fenat de la Felibrejado.

C'est-à-dire, tête brûlée, enthousiaste, *tron de Diéu*, (Anglicè, *madcap*), celui *qui habet fœnum in cornu*, comme dit Horace (Sat. I, 4.). M. Théodore Aubanel, qui a fait une chanson sur ses confrères du Félibrige, sur l'air italien de *Santa Lucia*, m'y fait l'honneur de m'affubler de cette épithète ébouriffante.

Page 91. Note 38. —

Car enfin esmougu pèr aquéu glàri rau.

Voir dans la vie de Saint Bruno la légende de Raimond Diocres. Celui-ci, pendant la célébration de ses propres obsèques, se leva soudainement de son cercueil et déclara à haute voix qu'il était condamné à l'enfer. Ce miracle fut la cause première de la conversion du Saint. Peu de temps après, il s'enfuit du monde.

Page 94. Note 39. —

Lou chin fantasti de Cambaud.

Espèce de monstre fabuleux[*] faisant partie des supersti-

---

[*] M. Paul Achard (archiviste de Vaucluse) dans l'*Armana Prouvençau* de 1856, sous le titre de *lou Coundu de Cambaud, en Avignoun, conte de ma rèire-grand*, nous donne une légende fondée sur cette croyance, où il

tions avignonaises. On croyait jadis qu'il habitait un certain égout de la ville (le *Coundu de Cambaud*, au bout de la rue de la Bonneterie), d'où il sortait parfois, avec des hurlements effroyables, faisant peur aux petits enfants. Et malheur à qui l'épiait, car il avait l'habitude d'emporter ses victimes droit en enfer. L'avocat avignonais Royer (né en 1677, mort en 1755), l'auteur mignard du *Chincho-Merlincho*, dont les poésies provençales sont encore en manuscrit malgré leur mérite vraiment remarquable, a une pièce avec le titre du *Chin de Cambaud e la Rafagnaudo o l'Infèr dis Impudique*. Comme presque toutes ses œuvres nombreuses en cet idiome, c'est un peu libre. En voici cependant quelques strophes qui décrivent l'animal :

« Dins uno croto umido e soumbro,
« Ounte se rènd lou queitivié
« E di rigolo e dis eiguié,
« Trèvo despièi long-tèms uno oumbro
« Que fai mai de pòu que de mau;
« L'apellon lou Chin de Cambau.

« A d'alo de rato-penado,
« De lòngui bano sus lou su,
« Em' uno co revechinado,
« Coume aquelo de Belzebut.
« A d'alo de rato-penado,
« De lòngui bano sus lou su.

représente le monstre sous la forme d'un cheval. On peut dire en passant qu'on trouve dans presque tous les pays une superstition semblable, notamment en Irlande, où l'animal qui correspond à celui-ci s'appelle le *Phooka*, et a la faculté protéenne de changer de forme.

« Tirasso pertout sa cadeno
« Dins li lòngui niue de l'ivèr ;
« Sabe pas quéti soun si peno,
« Mai sèmblon de peno d'infèr :
 « Chanjo de figuro ;
 « Fai milo pousturo,
« S'enfounso dins terro, s'aubouro dins l'èr
« Tout à-un-cop parèis, tout à-un-cop s'esperd. » etc.

Page 94. Note 40. —

La tourtourello de Dóumas.

De cette aimable bête, les délices de notre confrère Adolphe Dumas, mort, hélas ! quelques années après, presque tous les Félibres ont chanté la mort. S'il en faut croire ce qu'en dit Lamartine, dans l'Entretien où il parle du pauvre poëte, son ami, c'était un oiseau des plus charmants, digne d'être célébré en prose et en vers.

Page 96. Note 41. —

Bono caro que Crespoun, etc.

A. Crespon, photographe de Nîmes.

Page 97. Note 41 *bis*. —

Moun scèlre enfin — qu'es moun Journau.

M. Ernest Roussel est en ce moment le directeur et rédacteur du *Courrier du Gard*, un des journaux les mieux rédigés du Midi et l'un des plus sympathiques au Félibrige.

Page 100. Note 42. —

Sus la Grando Guerro de si paire.

Notre ami est dans l'intention d'écrire une œuvre historique sur la *Guerre des Albigeois*, œuvre à laquelle une longue série d'études préliminaires et un enthousiasme réfléchi l'ont depuis longtemps préparé.

Page 119. Note 43. —

Aug un crit qu'él cor me cria.

Crida est la vraie forme grammaticale, mais on trouve aussi la syncope *cria*.

Page 121. Note 44. —

N' Anaïs.

Madame Roso-Anaïs Roumanille, la jeune femme de notre Roumanille, qui est elle-même poëte distinguée et lauréate des Jeux Floraux d'Apt.

Page 121. Note 45. —

Malhanes.

Frédéric Mistral, habitant de Maillane, village entre la Durance et les Alpilles.

Page 123. Note 46. —

Ab joia, Teodors.

Théodore Aubanel le Félibre.

Page 127. Note 47. —

Li jàuni tourrihoun de Vilo-Novo.

Villeneuve-lez-Avignon, ville et château du Moyen-Age, située sur la rive droite du bras droit du Rhône, presque vis-à-vis d'Avignon. Aux jours de splendeur de cette dernière cité, quand elle était sous quelques rapports la capitale du monde, Villeneuve était la villégiature favorite des magnats de la cour papale. Quoiqu'à présent réduite à la pauvreté et à la ruine, elle n'est pas la localité la moins intéressante de ce poétique pays. Sa vieille forteresse sur un rocher dominant est très bien conservée, et l'on en voit de loin l'imposant portail entre deux hautes tours de pierre couleur d'or.

Page 129. Note 48. —

E iéu me permenave em' un jouine Troubaire
Qu'aura la Renoumado un jour pèr troumpetaire.

Théodore Aubanel le Félibre, auteur de *la Miòugrano Entre-duberto*.

Page 141. Note 49. —

S'ageinouio umblamen lou Flourentin brounzi.

Le Dante.

Page 141. Note 50. —

L'Avugle d'Aubioun, en quau plegas la tèsto,
Puissanço primourdialo! aqui-contro s'arrèsto.

Milton.

Page 141. Note 51. —

Emé soun cor de fio i'a toun patroun, Assise,

Saint François. Voir la note 13, page 189.

Page 143. Note 52. —

Lou Troubaire d'Olney, dous, atentiéu, clinavo
La tèsto vers l'acord qu'eilamount s'enanavo.

Le poëte anglais Cowper, dont la Muse est éminemment chrétienne.

Page 143. Note 53. —

Mai quau es, emplana dins lis èr, lou jouvènt, etc.

L'auteur de *Mirèio*.

Page 149. Note 54. —

O de Jòu lou fiéu alu, etc.

Persée.

Page 179. Note 55. —

Lou proumié cop que veguère Narange.

Naranja veut dire *orange* en Espagnol.

FIN DES NOTES.

ENSIGNADOU

	PAJO.
Avans-prepaus	VIII
Avant-propos	IX

A moun Libre	1
Retournarai	3
L'Avuglo di Baus	5
A Catule	6
La Bartalasso	7
En arribant au Vilage d'Ellen	10
Lou Paumié	11
Li dous Parpaioun blanc	12
Pensado d'uno Niue d'Estiéu	14
La Pescarello	16
Lou Felibre despatria	19
Lou Parla de Prouvènço	23
Lou Vin di Felibre	24
Aubado dóu Siècle dougen	29
A-n-un bèl Enfant de Bèu-caire	32
Estrambord printanié	34
Aubado dóu Siècle dougen	37
Idem et Altér	39
A l'Evesque Fouquet	40

	PAJO.
Sus lou Valoun de Valspir	43
A l'Idealo	44
I Felibre, *Nouvè*	47
L'Ange e la Chato, *Nouvè*	49
Lou Viage di tres Rèi, *Nouvè*	52
La Machoto, *Nouvè*	56
La Forço dóu Silènci	59
A moun Ami S. R.	60
L'Enfanço	61
Au Diéu dóu Silènci	62
La Castelano	64
Fugen	65
Pèr Antounieto de Bèu-caire	66
Pèr Antounieto de Bèu-caire. *Nigra sum sed Formosa.*	67
En Responso à « La Coumtesso » de F. Mistral	70
A moun car Ami Victor Balaguer de Barcelouno	77
Gramaci à l'Amour	79
Sièis mes après au Toumbèu d'Isabèu	80
A Jóusè Roumanille, sus si « Sounjarello »	82
La Forço de la Femo	83
Enuei	84
A moun Journau	86
A moun Ami Fèlis Gras	87
A-n-Avignoun	88
A la Rèino Jano	89
I Felibre d'Avignoun	90
Vers escri à la Grand-Chartrouso	91
Lou Chin de Roussèu	93
Soulòmi	98
Adiéu à Victor Balaguer	99
La Felibrejado soulitàrio	101
I Pouèto Bessoun	116
Uno Pèço de Pouësìo Catalano. *A mos Amichs de Barcelona*	117

PAJO.

Dos Pèço de Pouësìo dins lou Prouvençau dis encian
   Troubadour. I. *Sirventesc*...................... 119
   II. *Ses Amor no se trob ja la Benauranssa*...... 122

Quàuqui Pouësìo angleso de l'Autour traducho en
   Prouvençau pèr sis Ami..................... 125
Remembranço d'uno Permenado de-long dóu Rose
   emé moun Ami Teodor Aubanel............... 127
Lou Petoun d'Adéugiso........................ 133
Li Troubaire 137
Au Lesert................................... 147
Li Quatren dóu Sant Amour................... 157
L'Amour es jouine 169
Dins uno Vau que sabe....................... 171
A Mouïse................................... 175
A-n-uno Damo............................... 177
Narange.................................... 179
A Frederi Mistral........................... 181

Notes des *Parpaioun Blu*..................... 18

SUPPLÉMENT

TRADUCTION

DES « PARPAIOUN BLU »

TRADUCTION

DES « PARPAIOUN BLU »

A MON LIVRE

Comme j'ai vu à Valence, à la fête d'Avril, * *— des rouges-gorges, des pinsons et des chardonnerets, — enchaînés avec des faveurs, — désenchaînés soudain en l'honneur du Bon-Dieu, — ainsi je voudrais — délivrer du filet vos ailes luisantes, — et vous élargir tous comme un vol d'étincelles, — Papillons de ma lyre, ô mes Papillons Bleus!*

Sus donc aux Provençaux! sus donc aux Provençales! ** *— reposez-vous un peu sur les cœurs épanouis — de mes amis; — et si quelqu'un vous représente — que ce n'est point pour vous que fleurit la fleur des Jeux Floraux, — répondez-lui qu'elle vous fait envie, — et qu'invinciblement, pauvrets! vous attire — le parler mielleux de Mireille la gentille — et du fier Calendal!*

Château de Woolley Hill, Bradford-en-Avon, Angleterre.
14 d'Avril, 1867.

---

* Voir les notes ci-devant.
** « *Prouvençalo* » veut dire aussi *Pervenche*.

JE REVIENDRAI

A JOSEPH ROUMANILLE

—

Tant j'ai de souvenances — de ta terre, ô Provence, — que j'y reviendrai, — comme au ciel de Jouvence, — comme au ciel de Jouvence, — aux beaux jours de Mai.

Quand la rose boutonne, — ineffablement gracieuse, — au pied du Ventour; — quand les seins des fillettes, — quand les seins des fillettes — se gonflent d'amour,

Alors, sous la treille, — avec toi, Roumanille, — tant doux et tant gai, — par les yeux de ma mie! — par les yeux de ma mie! — je boirai encore.

Aux banquets des Félibres, — chantant comme cigales, — un beau jour encore — je volerai sur les ailes, — je volerai sur les ailes — des Ris et des Pleurs.

Avec cette belle âme, — plus blanche que la neige, — que le fidèle Amour — enveloppe de ses roses, — enveloppe de ses roses, — le chaste Aubanel.

Et aussi avec l'ami — du bon vin, le chanteur — du joli *Petit Chat*, — qui épanouit de tout côté, — qui épanouit de tout côté — ses baisers érudits.

Et avec Mistral !... car, Nille, — la patrie de Mistral — me verra bientôt — sur les pics des Alpilles, — sur les pics des Alpilles — chantant le soleil.

Londres, 28 de Janvier, 1861.

L'AVEUGLE DES BAUX (*p.* 5.)

Le visage de Leloun, jeune aveugle des Baux, — reluit d'un tel bonheur, d'une telle joie printanière, — que, voyez-vous, le petit enfant, quand il gambade au soleil, — est moins bienheureux qu'elle en son triste tombeau.

Mais sa joue, parfois, me paraît toute pâle, — et sa voix tremblote comme un chant de cigale ; — et elle semble regretter le grand ciel étoilé, — et l'étang diaphane, et le rocher nu.

Va, ne pleure pas, Leloun ! va, ne pleure pas, jeune fille, — pour l'oisillon qui vole ou la fleur qui boutonne ; — car le Beau, le Brillant, le Grand et le Vrai, — c'est l'âme, et non pas l'œil, qui en recueille les rayons.

La nuit qui environne ton âme limpide — est un pur essaim de petits anges, ô vierge, — et son obscurité est un treillis divin — pour écarter le serpent loin de ton paradis.

A CATULLE (*p.* 6.)

SUR LA PIÈCE DU PETIT CHAT [1]

Aïe ! Catulle, aïe ! aïe ! aïe ! poëte des baisers, — le petit chat gentil de ton enfant Mathieu — a mangé, par ma foi, l'oisillon de Lesbie, — et l'amoureux de Zine a fait pleurer ta mie !

LA BARTHELASSE [2] (*p.* 7.)

Qu'elles s'en aillent, les jouvencelles, au pré chercher des fleurs ! — Que les jouvenceaux s'en aillent à la chasse ! — Pour moi, j'irai me coucher tout le jour — à l'ombre de la Barthelasse, — du matin jusqu'au crépuscule, — sur le gazon de la Barthelasse.

A mon coude, le vin du poëte Mathieu [3] ; — dans mon cœur, de belles rêveries ; — buvant à plaisir, j'écouterai aussi — la voix tumultueuse du grand Rhône, — qui pareille à Morphée, — me clôt lentement les paupières.

Grands peupliers blancs argentés que le vent agite, — apaisez le soleil qui darde ! — Bien me plaît le spectacle brillant du passé — qui se reflète au lointain à mes yeux, — et le tableau vivant — qui se voit dans le fleuve qui coule.

En face est Avignon, reine qui se pavane — dans sa robe d'or pur et de soie ; — et le Palais des Papes, là-haut, qui brunit, — haut comme une immense falaise — où l'aigle a son nid, — falaise solitaire et raide !

Qu'elles s'en aillent, les jouvencelles, au pré cueillir des fleurs ! — Que les jouvenceaux s'en aillent à la chasse ! — Pour moi, j'irai me coucher tout le jour — à l'ombre de la Barthelasse, — du matin jusqu'au crépuscule, — sur le gazon de la Barthelasse.

Car il n'est pas fourmi ou cheval de louage — qui travaille et qui ne chôme pas à l'œuvre, — le poëte ! Que les tâcherons aillent à la prose ! — le poëte est de race royale ; — le loisir, la folie — sont pour lui de puissantes ailes !

Il est un temps où la tête et le cœur du troubadour, — diaphanes et légers comme nuages, — devraient être, ma foi, des lyres de fin or — aux mains de la muse pressante ; — lorsque l'enthousiasme souffle, — l'âme doit s'étaler nonchalante et passive.

Et comme, dans le temps des brises agréables, — s'ouvrent, aux parfums — du mois de Mai, les portails des grands temples de Dieu, — les oreilles de l'intelligence — doivent s'ouvrir aussi — à toute influence naturelle.

Car la messe que dit le prêtre bienheureux — est-elle moins sainte, si une abeille vagabonde — bourdonne autour de l'autel lumineux ? — Or le songe qui te récrée, — troubadour somnolent, — est le souffle de la Poésie !

Qu'elles s'en aillent, les jouvencelles, au pré cueillir des fleurs ! — Que les jouvenceaux s'en aillent à la chasse ! Pour moi, j'irai me coucher tout le jour — à l'ombre de la Barthelasse, — du matin jusqu'au crépuscule, — sur le gazon de la Barthelasse.

ENVOI A MON AMI COSMOPOLITE

NICOLAS DE SÉMÉNOW.

Romancier amical, vaillant panégyriste — de la belle vie d'Italie, — à l'ombre de tes chênes-verts, où tu te couches là-bas, * — je t'envoie mon apologie — de ce *dolce far niente*, — d'où sort l'heureuse Poésie !

EN ARRIVANT AU VILLAGE D'ELLEN [4] (p. 10.)

Cet endroit est Ellen !... Oh ! que mon cœur frissonne — en songeant que la bien-aimée, avec qui s'épanouit — mon âme, jour et nuit, comme une rose odorante, — est aussi nommée de ton nom, ô villette !

Blottie dans tes vignes, au bord de ta rivière, — au milieu de tes collines et de tes jardins plaisants, — oh ! repose-toi toujours dans ton petit nid de fée, — rafraîchie et échauffée, par le soleil, par le zéphyr.

Car tu me fais souvenir de celle que j'aime tant, — de mon Ellen tant douce et de son petit sein blanc ; — en l'honneur de laquelle, ô ville enchanteresse, — je veux te nommer *Œil de la Moselle* ! [5]

De toutes les villes riveraines de son cristal, — sois donc la plus jolie et la plus remplie de joie, — le siége le plus éclatant de Bacchus le chanteur ! — le vignoble le plus cher aux gentilshommes et aux poëtes !

Ou plutôt, va, conserve la paix des bienheureux, — le doux contentement, qui t'embellira plus encore ; — ainsi par ton repos tu rappelleras mieux ma belle, — ma brave et douce Ellen, ma blanche palombe.

---

* M. de Séménow, Russe de naissance mais Cosmopolite de cœur, auteur d'un roman français sur la vie italienne (*la Dame du Monde*), ainsi que d'autres ouvrages de mérite, s'est fait bâtir dernièrement aux environs de Villeneuve-lez-Avignon une villa fantaisiste, connue sous le nom des *Chênes-Verts*.

LE PALMIER (*p. 11.*)

Comme le ciel la terre était belle et sereine, — quand, sous un grand palmier qui s'élançait du sable, — et se pavanait aux doux baisers de Mai, — elle s'assit pour respirer les douces brises, — celle que j'aime tant et que j'aimerai toujours.

Et comme sur les monnaies [6] où une belle femme — représente Jérusalem qui pleure, rêveuse, — ainsi me parut-elle pensive ; — mais loin d'être *captive*, elle, *conquérante*, — a pris, et pour toujours, mon âme et mon amour.

LES DEUX PAPILLONS BLANCS (*p. 12.*)

Comme une fumée l'orage s'évanouissait, — et le soleil regardait clair, — quand détachant mon bateau du bord, — je voguai le long de la rive, — amoureux, — bienheureux, — respirant les zéphyrs embaumés, — doucement, — tendrement, — regardant Ellen, mon aimée.

Imitant les ailes d'un oiseau, — nos rames frappaient doucement, — et de fins diamants en dégouttaient, — et mille cigales chantaient ; — le miroitement — du clapotis — s'agitait autour de ma belle, — et d'une joie — sans égale — la nature nous paraissait emplie.

Tour à tour pleinement se dévoilent, — sur la rive, des palais éclatants, — et des alcôves dorées, qui à la lumière — révèlent clairement leurs mystères, — et sans fin — des jardins — se reflétant dans les ondes lisses, — faisant joie — sans égale — aux yeux de ma gentille Ellenette.

Mais autour du bâteau qui flottait, — deux petits papillons blancs comme neige, — voltigeaient, couple heureux ! — se courtisant sur l'onde bleuâtre... — Et elle — s'écria : « Tiens, — voilà le symbole de nos amours ! »... — « Prions Dieu, » — lui dis-je, — « que notre bonheur ne s'envole point comme eux ! »

PENSÉE D'UNE NUIT D'ÉTÉ (p. 14.)

—

Loin de l'Irlande ma patrie, — plus d'une fois je me trouve inquiet ; — mes pensées sont pour mon amie, — blottie dans son lit.

Je m'envole vers ma chère enfant, — et je retourne, oiseau pèlerin ! — de la beauté qui m'entoure — à la beauté qui reste au loin.

Ma fenêtre est vers l'aube — entr'ouverte toute la nuit ; — mais je ne puis trouver repos, — et je ne puis clore mes yeux.

Du ciel la lune et les étoiles — m'éblouissent comme un soleil, — et l'onde limpide de la rivière — reflète les pics blanchâtres.

De mon lit le damas tremble — au frémissement du zéphyr, — et l'on entend, solitaire et molle, — la chanson du rossignolet.

Loin, loin de ma chère patrie, — plus d'une fois je me trouve inquiet : — mes pensées sont pour mon amie, — blottie dans son lit.

Une main est sous sa face, — l'autre est nue sur le drap ; — ses longs cheveux se bouclent avec grâce — autour de son joli cou.

Un lac reflète les images — des nuages que chasse le vent : — c'est ainsi que son clair visage — reflète son âme lorsqu'elle dort.

Me voici donc, dans mes veillées, — songeant toujours à toi, comme à Dieu ! — et te voilà, ma bien-aimée, — dans tes songes veillant sur moi !

LA PÊCHEUSE (*p.* 16.)

CLAIR DE LUNE

I

S'élèvent comme une muraille, — alignés, les peupliers, — au bord de la rivière qui coule.

Et leur mobile feuillage — s'accorde avec le tremblement paisible — des étoiles scintillantes.

Et se promenant, au milieu — de ses sœurs les étoiles, — là-haut bien loin, rêveuse,

La lune chemine doucement — comme une reine qu'environne — un bel essaim de jeunes filles.

Et du grand fleuve la liquide étendue, — et les cîmes des montagnes, — et les boutons des haies,

Et les vieux châteaux fantastiques, — et les plaines blanchies, — et les villages dormants,

Brillent tous comme l'or, — comme l'ivoire ou l'argent, — dans un beau manteau de gloire ;

Ce qui me fait épanouir le cœur — et m'allume, m'attise le sang, — et emparadise mes rêves.

II

L'onde qui ronge la rive, — le zéphir entre les peupliers, — chantent le doux murmure de la rivière :

Mais, ni son murmure pensif, — ni la *farandole* du flot, — ni le parler des peupliers,

Ne m'agréent comme ta chanson, — ô fillette qui pêches, — seulette et chantant,

E qui, assise dans ta barque, — me rappelles les souvenirs — des vieux jours de la Provence,

Quand régnaient les Bérengers, — et quand sur tout le pays — l'allégresse prospérait ;

Et quand les maîtres en Gai-Savoir — étaient collègues, amis, compères — du Comte et de l'Empereur...

Oui, ton doux chant amoureux, — oui, ta symphonie antique, — toute simple et mélancolique,

Vois, me pénètre de plaisir, — et me plonge l'âme — dans un abîme de sérénité.

ENVOI A LA PÊCHEUSE.

A toi, jeune fille, de loin — je consacre de ma lyre — un *soulas* inspiré par Dieu ;

Car ta patrie a toute ma sollicitude : — je l'aime comme amant son amante, — comme j'aime la Poésie.

LE FÉLIBRE EXILÉ (*p.* 19.)

> Car l'on ne sait tant douce résidence — comme celle du Rhône à Vence, — et entre la Durance et la mer, — ni où se manifeste si parfaite joie.
> P. VIDAL.

Hélas! mon cœur n'est point ici, — car mon âme est en Durance, — dans la terre de Jouvence, — au milieu de mes amis, — de mes bons et doux amis. — Toute chose fine et franche — m'a laissé, où je suis à présent; — cœur passionné, âme blanche, — allégresse et Dieu!

Mais cependant le grand soleil — se montre par ici, — et dans sa coupe de neige — le lis attire les abeilles, — par sa beauté, les abeilles; — mais l'étoile, mais la fleur, — en ces contrées, — me paraissent flamboyantes — d'autres rayons, d'autres parfums.

Et bien souvent, quand les yeux — de mes confrères se ferment, — alors doucement se dessillent — mes paupières dans la nuit, — mes pensées dans la nuit; — et suavement il me souvient — de ma belle terre d'or, — et m'est plus chère Provence — que la jeune fille de mon cœur.

Car mon âme est en Provence, — ah! mon cœur n'est point ici, — mais au milieu des amis, — dans la terre de Jouvence, — de chansons et de Jouvence... — Ils m'ont laissé, où je suis à présent, — cœurs passionnés, âmes blanches; — allégresse, le Bon-Dieu, — toute chose fine et franche.

A travers les ténèbres, — je vois alors illuminées — tes plaines fertiles, enchantées — par la lumière de mon amour, — douce lumière de mon amour; — je sens tes collines embaumées, — et ton joyeux soleil d'or, — je vois tes peupliers alignés, — et ton fleuve fort et superbe.

Et tes Alpes, et tes Alpilles, — vastes remparts crénelés ! — et étendue là-bas, au-loin, — ta mer bleue éblouissante, — comme un clair miroir qui éblouit ; — et ta Camargue, et ta Crau, — et tes villes, et tes villages, — et tes tours qui au Mistral — ronflent comme des trompettes.

Je revois tout nuit et jour, — et dans mes oreilles tinte — l'accent de ta langue limpide, — qui me fait pleurer d'amour, — de nostalgie et d'amour ; — mais, hélas ! mon âme triste — se répand en vains sanglots — pour la consolation de ta vue, — comme pour son nid un pinson.

Dis, ô Lune bien-aimée ! — toi qui dores, en rayonnant, — les blancs remparts d'Avignon, — ainsi que la Vierge dorée, [7] — des Doms la Vierge dorée, — dis-moi si mes amis — crient au Français : « Place ! Place ! » — ou s'ils rêvent, endormis, — dans la verte Barthelasse ?

Lune ! oh ! dis, en ton chemin — sous la voûte d'azur, — sais-tu terre meilleure — pour dissiper mon ennui, — mon prodigieux ennui ? — Dis-moi bonne nouvelle — du Pays-Facétieux, — de ses gars et belles filles, — de ses endroits de tous genres.

Mère et frère vont-ils bien ? — et la pauvre vieille, — qui savait tant de contes ? — et Leloun et son galant ? — et Margaï et son galant ? — Ton pont est-il encore debout, — Bénézet, sur l'eau sourde ? [8] — Sont-ils mûrs, ô Cavaillon, — tes melons et tes citrouilles ? [9]

Boit-on sous le mûrier, — aujourd'hui, le vin des Coumbo-Masco ? [10] — Pour le jour de la Tarasque, [11] — a-t-on élu les chevaliers, — prieurs, abbé et chevaliers ? — dans mes songes, messveillées, — je te questionne longuement, — mai-la langue qui me plaît — ne résonne que dans mon sein.

Brune race de cigales, — bruissant dans les pins épais ! — blancs étalons du Vacarés, [12] — courant comme sur les ailes, — sur les ailes de l'Aquilon ! — voix de mon bonheur passé ! — souvenirs de ma patrie ! — vous m'êtes toujours bienaimés, — comme le baiser de ma mie.

Hélas ! mon cœur n'est point ici, — car mon âme est en Durance, — dans la terre de Jouvence, — au milieu de mes amis, — des Félibres mes amis : — toute chose fine et franche — m'a laissé, où je suis à présent ; — cœur passionné, âme blanche, — joie, chanson, amour et Dieu !

LE PARLER DE PROVENCE (p. 23.)

> Me plaît....
> Le chant provençal.
> FRÉDÉRIC II.

Si jamais le grand soleil, — resplendissant et bon et beau, — ou si les claires étoiles, — blondes, et calmes, et songeuses, — par la grâce du Bon-Dieu — pouvaient, naturellement, — parler comme vous et moi, — à coup sûr leur parler — serait dans la langue d'or, — l'idiome doux et fort, — l'idiome qui fait plaisir, — dans la langue provençale.

Si jamais les fleurs gentilles, — fraîches, fines, faites au tour, — si jamais la rose aimée, — belle, douce, odorante, — avaient grâce pour chanter, — elles auraient, naturellement, — la langue de la beauté — et de la courtoisie pure ; — elles auraient le parler charmant — qui me fait, moi, tressaillir — d'allégresse, de jouvence, — le parler de la Provence !

LE VIN DES FÉLIBRES (p. 24.)

A ANSELME MATHIEU, DE CHATEAUNEUF-DE-PAPE.

—

> Un vin royal, imperial, pontifical !
> MISTRAL.

A quelqu'un pour la chanter — toute chose enchanteresse, — le soleil et les étoiles, — le haut amour et l'amitié, — le lis blanc, la rose belle, — et la gloire et la joie, — et les yeux de Rose-belle, — et le parler provençal : — et tu seras, toi, sans félibre, — Vin fameux ! — Vin brillant ! — Vin qui nous fais des félibres ! — Vin vaillant ! — Vin divin ! — Vin et nectar des Félibres ?

Bien souvent survient à moi — un chagrin mélancolique, — lorsqu'en île du Démon, — pour moi se change la terre du Bon-Dieu : — si alors dans mon agonie, — par hasard, je bois ta liqueur, — vite en symphonies se changent — tous mes funestes discords ; — et en félibre je chante : — Vin fameux ! — Vin brillant ! — Vin qui nous fais des félibres ! — Vin vaillant ! — Vin divin ! — Vin et nectar des Félibres !

O vin, chaque verre de toi — est un pas vers l'Empyrée ; — au ciel des belles idées, — oui, tu es un Pégase ailé : — sur tes ailes à reflets roses — je roule au milieu des soleils ; — comme une lamproie dans le Rhône, — alors je nage dans le Beau, — et je chante sans cesse en félibre : — Vin fameux ! — Vin brillant ! — Vin qui nous fais des félibres ! — Vin vaillant ! — Vin divin ! — Vin et nectar des Félibres !

A ma vue, ta couleur, — couleur rouge, est bénie ; — car elle me semble l'éclat, — elle me semble l'aube du jour, — ou une ébullition splendide — d'escarboucles étincelantes — et de perles liquides, — merveilles de l'Orient; — et je chante sans cesse en félibre; — Vin fameux! — Vin brillant! — Vin qui nous fais des félibres! — Vin vaillant! — Vin divin! — Vin et nectar des Félibres!

Au pouvoir de tes baisers, — au bonheur de tes caresses, — chaque fille m'est déesse, — chaque gars m'est Apollon! — et le monde misérable, — que s'engloutit en enfer, — m'est un admirable coin, — m'est un coin de paradis; — alors, je te chante en félibre: — Vin fameux! — Vin brillant! — Vin qui nous fais des félibres! — Vin vaillant! — Vin divin! — Vin et nectar des Félibres!

Quels rêves resplendissants! — quelles visions de victoire! — Au pontificat de gloire — vois, Provence, ta venue! — Vois, tes villes et tes campagnes — toutes débordantes de chansons, — tes grands hommes et tes chefs — tous radieux soleils; — et je chante sans cesse en félibre : — Vin fameux! — Vin brillant! — Vin qui nous fais des félibres! — Vin vaillant! — Vin divin! — Vin et nectar des Félibres!

Orange et Tarascon m'apparaissent, — maintenant plus que vierges; — je vois dans sa splendeur première, — Aix et la chère Avignon; — je vois ta belle Arlésienne — impératrice de toute âme; — et les neufs Muses cérulées — blotties dans ton nid. — Alors, je te chante en félibre : — Vin fameux! — Vin brillant! — Vin qui nous fais des félibres! — Vin vaillant! — Vin divin! — Vin et nectar des Félibres!

Bacchus est un saint jouvenceau; — ses railleurs sont tous des ânes : — Oh! qu'il est beau sur Pégase, — ses cheveux d'or aux quatre vents! — Et je vous dis que le flacon — préféré par l'aimable dieu — est celui des Coumbo-Masco, — est le vin de Gentil-Mathieu ! * — Chantons donc, ô bons Félibres, — son fameux — vin brillant, — vin qui nous fait des Félibres ! — son vin fin, — son vin divin, — Vin sans égal des Félibres !

Avignon, 27 de Décembre, 1866.

AUBADE

DU DOUZIÈME SIÈCLE (p. 29.)

Il est temps, belle Marie, — il est temps de nous quitter : — l'aube s'éveille, — le soleil va monter...
— Adieu, ma douce mie !

Autour de la tourelle — ronde, — déjà les hirondelles — voltigent, aïe ! aïe ! — Et je vois leurs ailes, — sous les rayons — du soleil, étinceler,
— aïe !

Il est temps, belle Marie, — il est temps de nous quitter : — l'aube s'éveille, — le soleil va monter...
— Adieu, ma douce mie !

J'écoute, sans joie, — le coq, — horloge du village, — qui pour rendre son hommage, aïe ! aïe !
— à la grande splendeur, — fait à moi — grande peine et grand dommage, — aïe !

Il est temps, belle Marie, — il est temps de nous quitter : — l'aube s'éveille, — le soleil va monter...
— Adieu, ma douce mie !

Notre nuit, comme un éclair — brulant, — hélas ! s'est évanouie, — la nuit si belle, aïe ! aïe !

---

* Les Français ont nommé un de leurs poëtes d'Amour *Gentil-Bernard*. Et moi, ai-je tort, ô mes frères les Félibres provençaux, d'imposer à la charmante personnalité de l'auteur de *la Farandoulo*, un sobriquet semblable ?

— Et tes baisers avides — longuement — tiendront mes lèvres arides, — aïe !

Il est temps, belle Marie, — il est temps de nous quitter : — l'aube s'éveille, — le soleil va monter...
— Adieu, ma douce mie !

Oui, me sevrer — de ta — parole, ô dame ! — de ton gentil rire, aïe ! aïe ! — de tes caresses tendres, — ce m'est bien plus — qu'une méchante perfidie, — aïe !

Il est temps, belle Marie, — il est temps de nous quitter : — l'aube s'éveille, — le soleil va monter...
— Adieu, ma douce mie !

Qui me dit : le soleil — est beau ?... — A mes yeux, ô Marie, — il est tout noir, aïe ! aïe ! — et la nuit seule brille — plus que tout, — la nuit, où l'amoureux tient son amie ! — aïe !

Il est temps, belle Marie, — il est temps de nous quitter : — l'aube s'éveille, — le soleil va monter...
— Adieu, ma douce mie !

A UN BEL ENFANT DE BEAUCAIRE (p. 32.)

Une chose de beauté est une joie éternelle.

KEATS.

Comme un rayon de soleil au milieu d'une caverne — sombre et triste, — ton visage, bel enfant, me hante, où je vais, — et me fait joie ; — me fait joie, me poursuit la toison d'or de tes tresses, — et tes yeux plus bleus — que l'eau d'un gouffre, — et de tes petites manières la grâce riante.

Quand tu ouvres tes lèvres, qui respirent le doux parfum — d'une fleur, — ton clair gazouillement est murmure de coquillage — à mes oreilles : — le bruit du coquillage est l'écho marin — de l'onde maternelle, — et ta voix délicieuse — est comme un souvenir du Paradis lointain !

O rayon de miel dans notre amertume ! — candide allégresse — entrée sans peur dans cette vallée de pleurs — et de conflagration ! — agneau sans péché au milieu des pécheurs ! — en Janvier jour de Mai ! — je t'aime ineffablement, — mais je te plains aussi et je m'écrie : *Pecaire !* *

Quel malheur, cher enfant, que tu sois destiné — à l'erreur, — à devenir, toi, si pur, comme la multitude — empoisonnée ! — hélas ! hélas ! hélas ! car l'haleine du matin est suivie — par la bise turbulente — et la chaleur étouffante... — et la beauté du lis est prédestinée à périr.

ENTHOUSIASME PRINTANIER (p. 34.)

Oui ! quelle inspiration dans ta plaisante haleine, — ô Printemps de paradis ! — je trouve dans ton air — une volupté bénie, comme l'oiseau qui vole, — l'oiseau étincelant, — au milieu de l'azur et des chauds rayons — du grand soleil.

Moins que toi, assurément, boisson enchanteresse — enflamme le cerveau ; — jamais le joyeux roi — des vins fameux n'est si prompt, si puissant — pour dorer la pensée, — pour enivrer le cœur, comme tes souffles — embaumés.

---

* *Pecaire*, mot intraduisible, interjection de compassion, d'amitié, de tendresse.

Non seulement, le-long des campagnes fleuries, — Printemps, tu fais éclore — de gentils narcisses, — ou sur les lacs luisants de grands lis blancs; — non seulement des ruisseaux — tu fais fondre les glaçons, avec tes agréables — brises vives;

Mais aussi dans les cœurs, mais aussi dans les âmes, — ton vent et ta flamme — font épanouir mille fleurs, — mille flots suaves d'allégresse et d'amour, — et heureuses rêveries, — et chants de renaissance et pensées brillantes — et fraîches.

Les prairies et les vallées, oui, elles sont toujours belles; — et belles sont les fleurs; — et les claires étoiles, — et les ruisseaux cristallins et les cascades d'eau; — mais néanmoins je te dirai — qu'aux yeux du poëte ils sont plus beaux infiniment — au mois de Mai.

Du poëte, alors, l'âme se réveille, — et telle qu'une abeille, — des choses qui l'environnent — il s'amasse à foison et la joie et l'amour; — et, plein de jouissance, — il se pâme à loisir dans le divertissement — de la jeunesse.

Et comme le doux Saint qui appela le soleil — « son frère, » et auquel, aussi, — venaient sur l'épaule — se poser sans peur chardonnerets et cigales [13], — lui se sent dans le cœur — une chaleur tendre, un débordement délicieux — d'enthousiasme sublime.

Doucement impressionné, il voit l'agnelet qui tète; — et même les grenouilles, — qui au bord des canaux — coassent en sautillant, le ravissent de joie; — et l'arbre qui boutonne, — et les troupes, surtout, les fraîches troupes de jeunes filles — arrondies et roses.

Dans une passion haute il est emparadisé, — il est embrasé d'amour — pour toute créature, —

pour la terre, et les cieux, et la sainte Nature — qui maintenant chante et rit, — qui courtise, qui brûle, e fleurit, et reluit, — et se pavane.

« Oh ! que ne puis-je, s'écrie-t-il, Essence en-
« chanteresse — de la belle Nature, — pour un
« petit moment — te voir, et m'attacher, tressail-
« lant, à ton sein ! — Oh ! sois à moi visible, — toi
« qui te caches nue entre les grands peupliers, —
« inaccessible !

« Que ne puis-je presser, verte terre de Dieu,
« — ta poitrine sur la mienne ! — car ce n'est pas
« Vesta l'amère, — ni la fière Cybèle, que tu es
« à présent à mes yeux, — mais une douce enfant,
« — pleine de calmes sourires, et qui veut des
« chansons — et des baisers ! »

AUBADE

DU DOUZIÈME SIÈCLE (*p.* 37.)

> Et j'aime la neige autant que les fleurs.
>
> P. VIDAL.

Cette nuit, ma belle ! — est la nuit la plus bénie, — c'est la grande nuit de Juin, — dans laquelle le bleu crépuscule — et l'aube rougeâtre, — à travers l'ombre fraîche — se touchent ensemble la main : — aujourd'hui toute ramée est fleurie, — toute rose est épanouie... — C'est la nuit du grand Saint Jean !

La belle nuit de Saint Jean ! — mais, amie, me réjouit — moins la splendeur de l'été — que l'obscurité hivernale, — quand l'aurore revient lentement !

Ah! combien, ma tant aimée! — me plaît davantage la nuit gelée, — la nuit noire de Janvier! — car l'amant dans le lit — de sa tendre amie, — du crépuscule à l'aube, — peut caresser son blanc corps, — pendant que la prairie — se revêt de neige muette — et se couvre de givre.

La belle nuit de Saint Jean! — mais, amie, me réjouit — moins la splendeur de l'été — que l'obscurité hivernale, — quand l'aurore revient lentement!

Blanche, douce, gentille dame! — dame belle, lisse et bonne! — encore, encore un baiser! — las! hélas! je n'en aurai pas assez!... — S'en vont, amie, les étoiles! — Sus! tresse tes boucles, — car le pic blanchit: — déjà c'est l'heure du départ... — mais je t'aurai en souvenance, — ô mignonne, que j'aime tant!...

La belle nuit de Saint Jean! — mais, amie, me réjouit — moins la splendeur de l'été — que l'obscurité hivernale, — quand l'aurore revient lentement!

IDEM ET ALTER (p. 39.)

ÉPIGRAMME *

Pourquoi dire que je suis ingrate et rebelle — à tes avances, à tes tendres baisers?... — Si tu *m'adores*, toi, comme une belle déesse, — moi, je *t'adore* aussi — avec une gifle [14].

---

* Le sel de cette épigramme, si toutefois il y a sel, qui porte sur un quolibet provençal, est naturellement perdu dans une traduction française. Néanmoins, par esprit d'uniformité, je la traduis en faisant mes excuses.

A L'ÉVÊQUE FOULQUET [15] (p. 40.)

A M. J. GOUNON-LOUBENS.

> Et l'abominable Foulquet....
>
> CALENDAU, C. I.

Oui, hors, hors de ta gloire ! — oui, hors, Évêque, du palais — où la funeste victoire, — où la mémoire des méchants — te béatifia dans son effroi ! — Éteins vite ton auréole, — dépouille-toi de tes beaux rayons ! — Bien que la folle multitude — t'ait intronisé sur la haute colline, — tu mordras, Foulquet, les abîmes ; — car ta nation affranchie — va t'appeler, dans une noble fureur, — « l'Abominable » pour jamais !

Ce n'est pas la main de nos pères, — de nos ancêtres ce n'est pas le cœur, — mais c'est le cœur de l'usurpateur, — mais la main des démolisseurs, — la main sanglante du plus fort — qui t'a donné ta belle place — entre les Saints et Saintes d'or ; — ce sont les brigands de notre race, — têtes d'ordure, âmes de glace, — oiseaux de rapine et de mort, — qui, d'un admirable jardin, — ont fait un désert abominable, — et d'une symphonie un horrible discord.

Toi un saint ? ô serpent mitré ! — toi un saint ? ô fléau d'enfer ! — toi, prêcheur de croisade, — qui as livré la patrie aimée — à la furie de Lucifer ! — toi qui dans nos plaines magnifiques — as changé l'été en hiver :... — ainsi, les noirs escargots — sont des cigales folâtres ! — et sont des agnelets les chats sauvages ! — et la blanche lumière est abominable ; — et le Dieu des hommes est le Diable, — et ses amis des mécréants !

Oui, hors, hors de ta gloire ! — oui, hors, Evêque, du palais — où la funeste victoire — où la mémoire des méchants — te béatifia dans son effroi ! — Éteins vite ton auréole, — dépouille-toi de tes beaux rayons ! — Bien que la folle multitude — t'ait intronisé sur la haute colline, — tu mordras, Foulquet, les abîmes ; — car ta nation affranchie — va t'appeler, dans une noble fureur, — « l'Abominable » pour jamais !

Tu fus, par violence ou caresse, — une prompte amorce, un aiguillon, — à la trahison prodigieuse, — à l'entreprise diabolique — contre Béziers, contre Avignon ! — Comme la fumée du gouffre noir — ton nom puant perce la narine, — ô faux pontife du Très-Haut, — qui as haché le patriotisme — sur le billot de l'Église, — transformant le miel délectable — du Christ en fiel abominable, — brouillant Samarie et Sion !

Où est ta tombe ? Quel pays — tient ton cadavre vénéré ? — Que j'aille, moi, en pèlerinage, — gonflé d'étranges visions, — l'adorer, à coups de pierres ! — que j'y aille éteindre les cierges — toujours brûlant en ton honneur, — que j'y aille pour cracher sur toi mon rire, — pour te maudire à haute voix, — pour te haïr, te déchristianiser, — et jeter tes reliques au Diable, — ô abominable Gênois, — ô vil Troubadour, ô Saint damné !

Avignon, 11 de Janvier, 1867.

SUR LA VALLÉE DE VALSPIR (p. 43.)

ÉPIGRAMME

Deux frères, — Saints Abdon et Sennen [16], sont les patrons — de cette belle vallée ! — Ils juraient autrefois au farouche empereur — et lui disaient : « Nous ne serons jamais les adorateurs — du beau — Soleil ! »... — Aux lions le tyran alors les fit jeter.

O Frères ! — tant mieux, et trois fois tant mieux, que de cette vallée — vous soyez les patrons ! — car ce beau terroir est si bien ensoleillé, — que, sans vous, le pays serait encore adorateur — du beau — Soleil, — qui brille comme un dieu dans les hauteurs de l'air.

Amélie les-Bains, Mai, 1865.

A L'IDÉALE [17] (p. 44.)

A MON AMI VINCENT BOIX, DE VALENCE (EN ESPAGNE).

—

> J'ai si grande joie, que je fais parfois de folies.
>
> R. JORDAN.

Belle de la beauté de mille et mille étoiles, — comme une nuit d'Août tu es belle, ô Rose-belle ! — et cent fois est plus pur le contour de ton front — que celui des seins ronds de la Reine d'Amour. — La voix de tes lèvres à mon âme amoureuse — est un rayon mélodieux de meilleuse rosée ; — ta figure luisante est à mon cœur énivré — telle qu'un miroir poli à l'oiseau fasciné... — Oui, ma Rose tant belle ! — ma douce Rose-belle ! — tu me fais bondir et chanter comme un fou !

Quand je te vois, mon cœur devient vite une lyre, — ma tête une toupie, un tourbillon qui tourne ; — tantôt je me plonge dans un abîme des mers, — tantôt je m'élève là-haut dans un grand soleil pur ; — d'allégresse maintenant je suis un terrible brasier ; — après je verse en hurlant un déluge de pleurs ; — aujourd'hui, je me sens à tes pieds, penaud et pensif, — demain, si cela te plaît, j'écrase un dieu. — Oui, ma Rose tant belle ! — ma fière Rose-belle ! — tu es mon hiver glacial et mon brûlant été !

Et je crois, en te voyant, les langues de l'Histoire, — qui me vantent les victoires du vaillant Amour : — — que la mort n'était rien, comparée avec une nuit — dans tes bras, Cléopatre, à l'éclat de tes yeux [18]; — — qu'un jeune homme, Adam Lux, ébruita de tout côté, — et narguant les bourreaux, son amour pour une morte [19]; — — et que Pierre Vidal, amant fiévreux, — se fit pourchasser par de grands chiens furieux [20]... — Oui, ma Rose tant belle ! — ma douce Rose-belle ! — la hache et le feu me seraient doux pour toi !

Maintenant dans mon ardente extase je puis comprendre, — pourquoi le papillon, le papillon ailé, — veut, avide, veut, sans la moindre horreur, — coller ses ailerons au beau sein d'une étincelle; — je sympathise avec vous autres, ô grands aigles volants, — que les splendeurs de l'air parfois aveuglent; — et je ne blâme pas non plus dans le berceau d'une fleur — l'abeille qui s'endort, ivre d'odeurs !... — Oui, ma Rose tant belle ! — Ma fière Rose-belle ! — un moment de transport vaut mille jours d'ennui !

Sois donc mon Étoile, et ma Rose, et ma Mie ! — et je serai pour toi Papillon, Aigle, Abeille ; — pour toi je descendrais les talus infernaux, — ou je braverais farouche les terreurs des éclairs... — Enveloppe moi vite de tes longues tresses, — que je m'abreuve aux parfums de ta chair virginale ! — je veux sentir ton cœur palpiter sous ma main, — comme un gentil oiseau dans la main d'un enfant... — Oui, ma Rose tant belle ! — ma douce Rose-belle ! — je suis fou !... Non, je suis sage ! Oh ! je t'aime, je t'aime tant [21] !

AUX FÉLIBRES (*p.* 47.)

NOEL

Sus ! sus ! ô quel spectacle — se manifeste à mes yeux ! — Sus, c'est un miracle bien sûr — qui se fait cette nuit ! — O belle nuit bienheureuse, — tu me fais doucement languir ! — O calme nuit étoilée, — tu n'es point faite pour dormir !

Levez-vous, Louiset, Antoine, — lève-toi vite, Théodore ! — Chut !... les sanglots du démon ! — Chut !... les chants dorés des anges ! — Levez-vous, Joselet, Rose, — lève-toi, cher Frédéric : — le Bon-Dieu vient d'éclore — ici-bas dans une rose.

En avant ! les bergers, les bergères ! — ils ont déjà gagné l'étable : — donc, Félibres, Félibresses, — il faut aussi quitter la maison. — Ils portent des pommes, — du miel blond, du blanc *nougat*, — et nous autres, maintes chansons — qui ne déplairont pas à Jésus.

Du clou, ma bonne Ellen, — décroche ma petite flûte ; — Frédéric, voilà ton orgue ; — prends, Joseph, ton *galoubet*. — Théodore, fais bonne mine — à ton *bachas**, en chemin ; — mets ta main mignonne, — Anselme, à ton *tambourin*.

Chantons la Vierge Marie, — modeste comme le soir ; — l'Enfant qui s'éveille, — beau comme un bouton de fleur ; — Saint Joseph, qui dans un coin — bat des mains, tout serein ; — et aussi le bœuf mugissant — qui lui souffle son haleine.

---

* *Bachas*, gros tambour provençal. Voir, pour une description détaillée de cet instrument, ainsi que du *Galoubet* et du *Tambourin*, le livre frais et enthousiaste de François Vidal, d'Aix, qui est intitulé *Lou Tambourin*.

Chantons l'âne, qui folâtre — et dresse les oreilles de plaisir ; — et le chien qui remue la queue — pour faire fête au Petit ; — bourdonnons comme des abeilles, — gazouillons comme des oiseaux, — la foi, la sainte patrie, — l'amour, le bonheur nouveau !

Le beau jour de Saint Véran, 1865.

L'ANGE ET LA JEUNE FILLE (*p.* 49.)

NOEL

—

Songeuse, — de ma fenêtre, — j'admirais la lune belle, — entourée d'étoiles, — là-haut, — quand, soudain, la voix limpide, — suprêmement enchanteresse, — d'un petit ange — avec des ailes d'oiseau, m'enveloppe.

Elle chantait : — « Là-bas, — dans la hutte — de Bethléem, cette nuit est né, — le Roi puissant, — bienheureux, — glorieux. — O vierge, il est venu du ciel, — comme dans les ténèbres un soleil... — L'Histoire — dans son livre d'or en parlera bientôt.

« Beaucoup d'armées — sont sous sa main, — et les tonnerres et les gelées — et les pestes vénéneuses ; — cependant, — la plaisante chaleur du soleil, — ou la brise odorante, — plus que le sang — et plus que les désastres lui donne plaisir.

« Le soleil — et les étoiles — sont les grelots toujours sonnants — de sa gloire, qui encercle — tout le ciel ; — mais il est si ami de la Terre — que cette nuit il vient d'ouvrir — la paupière, — dans un gîte petit — et des plus chétifs.

« Il ne portera — jamais la couronne, — mais il sera roi, ô jeune fille, — de la Terre si ronde ; — et il sera — des tyrans — le fouleur superbe, — des malheureux le père — bien-aimé, — et du peuple le grand consolateur.

« Ni avec l'écu — ni avec l'épée — n'est venu votre Sauveur, — pour faire, en jetant ses étincelles, — la chasse — à l'horrible Dragon infernal, — qui toujours, chantant comme un coq, — traîne — son corps venimeux de toutes part ici-bas.

« Mais, heureuses, — ses armes seront — la parole mielleuse, — et la figure aimante — d'un Enfant, — et la blanche innocence — avec la patience sainte, — et, plus grands — que tout, l'amour et le silence... »

Ainsi, là-haut — chantait un Ange, — autour de ma fenêtre, — une chanson pleine d'allégresse et assez — étrange, — et il me vint un doux parfum, — bien plus suave qu'un arôme — d'oranger — quand le zéphyr souffle sur ses fleurs.

LE VOYAGE DES TROIS ROIS (p. 52.)

NOEL

A THÉODORE AUBANEL.

Et passe et passe, — *lararo-poun-poun !* — et toujours passe — la grande Procession !

Dans les vallées, sur les mamelons, — *lararo-poun-poun !* — aux déserts, sous les chênes, — *lararo-poun-poun !* — gravissant les tas de pierres,

— serpentant avec les rivières, — rôdant par les collines âpres, — foulant les prés agréables,

Et passe et passe, — *tararo-poun-poun!* — et toujours passe — la grande Procession !

Quand l'aube s'éveille, — *tararo-poun-poun!* — quand la lune blonde brille, — *tararo-poun-poun!* — quand le Mistral gémit — dans les tours jetées à terre ; — quand la feuille des peupliers — aux zéphyrs ne remue point,

Et passe et passe, — *tararo-poun-poun!* — et toujours passe — la grande Procession !

Quelle noble cavalcade ! — *tararo-poun-poun!* — quelle parade brillante ! — *tarare-poun-poun!* — Je vois de blanches cavales, — et de grands et roux chameaux, — puis, des esclaves nus jusqu'aux hanches, — et des cottes de mailles luisantes au soleil !

Et passe et passe, — *tararo-poun-poun!* — et toujours passe — la grande Procession !

E parmi la ribambelle, — *tararo-poun-poun!* — je vois comme trois étoiles, — *tararo-poun-poun!* — les trois couronnes royales — des sages de l'Orient, — avec leurs robes de pourpre — gonflées par le vent !

E passe et passe, — *tararo-poun-poun!* — et toujours passe — la grande Procession !

Car ils ont quitté l'Arabie, — *tararo-poun-poun!* — pour visiter le Messie, — *tararo-poun-poun!* — leur guidon est un bel astre — qui les conduit à bon port, — et qui semble à tous les pâtres — un oiseau à ailes d'or.

Et passe et passe, — *tararo-poun-poun!* — et toujours passe — la grande Procession !

Car ils ont quitté leur patrie, — *tararo-poun-poun!* — fidèles à la prophétie, — *tararo-poun-poun!* — A l'Enfant ils portent des étrennes — d'or, d'encens et d'onguents, — et aussi une âme pleine — de foi et de sentiment.

Et passe e passe, — *tararo-poun-poun!* — et toujours passe — la grande Procession !

Nous aussi, camarades, — *tararo-poun-poun!* — joignons vite la cavalcade, — *tararo-poun-poun!* — par les vallons, par les montagnes, — mettons-nous toujours en chemin, — dans la joie, dans la tristesse, — pour chercher l'Enfant divin !

Et passe et passe, — *tararo-poun-poun!* — et toujours passe — la grande Procession !

LE HIBOU (*p.* 56.)

NOEL

AU FÉLIBRE J.-B. GAUT.

Un hibou — lourd et laid — se trouva par hasard dans un coin de l'étable, — la nuit heureuse, — belle et brillante, — où notre bon Sauveur se montra ici-bas ; — et tout en emoi, — loin d'être gai, — entre son bec crochu il soupirait : « Morbleu ! — ce n'est pas possible, — ce n'est pas visible... — tout ce qu'ils voient clair est ténébreux pour moi ! »

Ce hibou, — lourd et laid, — croyez-moi, n'était pas assurément une buse ; — des créatures — la plus expérimentée, — il se croyait sorcier parmi les grands oiseaux, — et il regardait tant, — et tant réfléchissait, — qu'enfin clignotant il se dit : « Sacrebleu ! — ce n'est pas possible, — ce n'est pas visible... — tout ce qu'ils voient clair est ténébreux pour moi ! »

Cependant, l'étable — était admirable, — c'était un palais doré de splendeurs célestes ; — des essaims — d'anges et d'angèles — secouaient des éclairs tout autour de leurs ailes ; — mais le hibou — lourd et laid, — en jurant comme un Turc, miaulait : « Tonnerre de Dieu ! — ce n'est pas possible, — ce n'est pas visible... — tout ce qu'ils voient clair est ténébreux pour moi ! »

Et des bergères, — de grandes dames, — des poëtes, des rois, des soldats, des pâtres, — des blancs, des nègres, — sont tous joyeux — pour voir leur Sauveur à l'ombre de l'étable ; — mais le hibou — lourd et laid — en se crevant les yeux, glapissait : « Morbleu ! — ce n'est pas possible, — ce n'est pas visible... — tout ce qu'ils voient clair est ténébreux pour moi ! »

Maints hiboux — lourds et laids — troublent aussi, également aujourd'hui, notre malheureux siècle : — penseurs vides, — moqueurs méchants, — qui portent sur le nez des lunettes aussi ; — faiseurs de livres — (mais non Félibres) — où sans cesse ils vomissent avec vénin : « Morbleu ! — ce n'est pas possible, — ce n'est pas visible... — tout ce qu'ils voient clair est ténébreux pour moi ! »

LA FORCE DU SILENCE (*p. 59.*)

SONNET

A MON AMI BARCELONAIS, DON F. PELAYO BRIZ.

Comme un agneau qui dort au beau milieu du jour, — ou un enfant au sein tiède de sa nourrice aimée, — couchée au penchant d'une montagne en fleur, — la ville là-bas me paraît ensorcelée :

Ceinture de hauts peupliers et de prés verdoyants, — un fleuve limpide serpente au milieu des terres ; — les nuages là-haut, fixés de la main d'une fée, — sont comme un ciel-de-lit pour le sommeil de l'Amour.

Un calme suave, une douceur de lait, — se ressent, par la terre, dans le ciel : de tout côté — sort un parfum divin, parfum ineffable,

Suprêmement délicieux, et plus puissant à faire — dégoutter le doux miel du rocher de mon cœur — qu'un grand concert de lyres ou un essaim de fiers poëtes.

A MON AMI S. R.

SUR LA MORT DE SA JEUNE MAITRESSE (*p.* 60.)

SONNET

Ne pleure pas, mon ami, si sur la belle bouche — de ton amie tu ne peux plus poser tes lèvres ; — Dieu bon pour toi, et point courroucé, — est venu te ravir ta blanche palombe.

En ce royaume tranquille, d'où rien ne peut précipiter — la Bien-aimée, aujourd'hui ta Belle est intronisée, — maintenant devenue étoile de beauté immortelle, — maintenant rose d'amour qui ne peut plus se faner.

Si elle était vivante, vite, vite pour toi elle serait morte ; — les orages du monde la chasseraient de toutes parts, — desséchant le miel et la limpidité de son cœur :

Elle est morte ; mais, pourtant, elle est vivante pour toi, — au-loin transfigurée en déesse resplendissante, — que rien ne peut sevrer de beauté ni d'amour.

L'ENFANCE

Vous ne serez jamais évanouis — de mes tendres souvenirs, — ô beau temps de mon enfance, — que je ne verrai plus se montrer, — jours de joie, jours de bonté !

Jours innocents! jours de Dieu! — où moi, — avec une gentille petite sœur, — folâtre et sémillante, — ma petite sœur Azalaïs, — nous cherchions ensemble le nid — du rouge-gorge ou de la pie; — ou bien aux papillons blancs, — rouges, bleus ou dorés, — gaiement nous faisions la chasse... — Moi, je courais, — ardent, impitoyable, avide, — par les prés et par les ravins, — sur les bêtes du bon Dieu... — Elle (pour cela que Dieu la récompense — et que l'Amour toujours la favorise!) — elle, bonne comme un petit sou, — elle toujours avait peur — de leur gâter les ailes, — Azalaïs ma petite sœur!

AU DIEU DU SILENCE (p. 62.)

FANTAISIE

A F. PELAYO BRIZ.

> Je tiendrai la bouche toujours en froid.
>
> PEYROLS.

Dieu qui te couches pensif — sur le blanc *lotus* de la rivière; — toi de qui le doigt se pose — toujours sur ta bouche fermée; — fais, ô dieu, que le parfum — de mon chant ne soit pas fumée, — et que ma fière jeunesse — reste à toi toujours soumise.

Les sages puissants d'autrefois — t'adoraient plus que l'or; — et plus que l'or, dans notre siècle, —

tu es toujours prisé par les sages. — Au milieu des hommes subtils, — ton divin mutisme — et ta figure rêveuse — sont deux choses suprêmement belles !

Il y a un verset béni — dans Saint Jacques, le voici : — *Celui-là est un saint qui se tait* [22] ; — volontiers mon cœur — songe aussi à ce proverbe : — *Le parler est d'argent, le silence est d'or* ; — ou à ce mot brillant du Grec : — *Une langue et deux oreilles* [23].

En mémoire de Zénon — et de Pythagore, au nom — du taciturne fils d'Hortense [24], — envoie-moi tes dons, ô Silence ! — et envoie-les-moi, au nom — de l'austère Saint Bruno — qui chercha ta quiétude — dans les solitudes les plus âpres [25] !

Si tu m'écoutes, je te ferai — un sacrifice, aux rayons — de la blanche lune, — quand la nuit couvre tout de son manteau ; — ou bien, à l'heure calme de midi, — quand le vent du Rhône s'apaise, — et que le rossignol se tait, — et que le grillon ne chante pas.

Pour te rendre grand hommage, — les *miroirs* crevés, mourront — neuf cigales de Vaucluse — chantant comme les neuf Muses ; — et tacheront ton autel — vingt grenouilles, — monstres de Maillane, — qui, le soir, ont une voix de bœuf.

LA CHATELAINE (p. 64.)

Elle n'était pas là, ma dame douce et belle ! — mais sur ses terres et sur son blanc château, — le soleil gai, la lune rêveuse, — toujours brillaient, ainsi qu'aux jours de miel — où était là ma dame douce et belle !

Son vivier poli conservait sa limpidité ; — ses paons verts se pavanaient superbes ; — son jardin de roses avait la même odeur ; — et, deux à deux, ses blancs cygnes hantaient — le vivier poli et toujours limpide.

Elle n'était pas là, ma gente châtelaine ! — et moi, triste, comme un arbre hivernal — dans chaque fleur qui ornait les allées, — dans chaque fleur je retrouvais l'haleine — de ma châtelaine gente et aimée !

Pour qui nous aimons qu'il est doux de souffrir ! — Pour la beauté que le martyre est agréable ! — Moi pensif et seul et languissant, — sitôt qu'elle me manque, elle, je redis sans cesse : — « Pour qui nous aimons qu'il est doux de souffrir ! »

FUYONS (p. 65.)

Je ne me pris garde que quand je fus au milieu de la flamme.

BERNARD DE VENTADOUR.

Puissant Amour, tu peux asseoir — ton empire sur ma nuque : — comme un esclave, devant ton sceptre, — je mords enfin la poussière ! triomphe.

D'abord tu me fus un souffle — qui se parfume dans les fleurs ; — puis une brise harmonieuse — qui éparpille l'odeur du lis ;

Mais à présent tu es un coup de vent, — un fier chasseur sur la mer; — bientôt tu vas m'être une bourrasque — qui bouleverse les abîmes amers,

Si je ne change pas bientôt de route, — si je ne m'enfuis pas des gouffres — vers quelque port... — mais tout en émoi, — où fuir? ma foi, je n'en sais rien !

POUR ANTOINETTE DE BEAUCAIRE (*p.* 66.)

—

Le blanc calice du lis a son jour pour tomber, — elle a son jour la feuille du grand chêne ; — le soleil a son temps aussi pour se plonger dans la mer, — et la lune pour dorer le mamelon.

Il y a un temps pour le plaisir, il y a un temps pour la douleur, — et il y a un temps pour le joyeux mariage ; — mais la mort, Antoinette, est pour tous les jours, — mais la mort est pour tous les âges.

O vierge souriante, ô mignonne de Mai, — cueilleuse chantante de roses, — la rose qui fleurit, si brillante, — et pareille à un sceptre, dans ta main blanche.

Cette nuit se fanera, sera morte, — et jetée promptement par le balai dans un coin ; — mais elle tiendra peut-être plus longtemps à sa vie — que toi, jeune fille, à la tienne, hélas !

(*Tiré de* « LI BELUGO. »)

POUR ANTOINETTE DE BEAUCAIRE (*p.* 67.)

JE SUIS NOIRE MAIS BELLE

Pour toutes les jouvencelles et toutes les aimées, — enivrées d'amour, — le plus bienheureux, le plus brillant des dieux — est celui — de la voix harmonieuse, — qui revêt de fleurs — notre mauvais monde, comme un jour agréable.

Pour toutes les aimées et toutes les jouvencelles — riantes, arrondies, — la Mort est un monstre, jetant des éclairs de peur — et de deuil, — et sa lance sauvage, — comme un mistral, chasse — les jeunes et les vieux, fourmillant sur le sol.

Mais pour toi, ô jeune fille, c'était tout le contraire :— l'Amour, la charmante apparition, — était bien sûr la Mort, et la Mort était un jour — l'Amour; — et son œil de démon — et son hurlement d'agonie — était à ton âme une lumière, une suave rumeur.

Car la Mort te disait: « O jolie Antoinette, — ô ma
« douce amie, — si ma figure est sinistre, et mon
« parler si rauque, — qu'importe ? — de famille
« angélique, — je suis la fille du Bon-Dieu — et
« je porte à mon côté la clef du Paradis.

« Telles que des îlots d'or les ardentes étoiles, —
« les voilà, ô vierge ! — il y a des champs délicieux
« d'amour, de liberté, — là-haut ! — donc, don-
« nes-moi, ô blanche fille, — ta petite main fluet-
« te, — et je te porterai à Dieu par l'escalier
« étoilé.

« D'où, fière, tu verras, que la terre est une
« cage, — un tourbillon de rage ; — que son
« miel est de fange, et son teint, non Élysien,
« — mais gris ; — que sa douce harmonie —
« n'est que cacophonie, — et ses riches orgueil-
« leux que de pauvres noyés.

« Ainsi que l'enfant, quand il aborde la jeu-
« nesse, — ô tendre Félibresse, — laisse peu à
« peu ses jeux pour des joies beaucoup plus —
« vraies, — les affections mesquines, — les joies
« chétives — de la vie, tu vas les laisser, infiniment
« heureuse.

« Oui, bénie de Dieu est ta belle Provence, — c'est
« la Fontaine de Jouvence, — du soleil c'est la mie,
« c'est le nid de l'Amour — toujours ; — mais
« de fumée sont ses gloires, — de loques ses
« atours, — comparés à la splendeur de la demeure
« céleste.

« Là-haut ton amour pour ton fier galant
« — ne te touchera guères, — car il va s'étein-
« dre comme le cierge au beau — soleil... — ainsi,
« donne-moi, ô blanche fille, — ta petite main
« fluette... — Je te conduirai tout-de-suite à mon
« Dieu, comme un ange ! »

(*Tiré de* « LI BELUGO. »)

EN RÉPONSE

A « LA COMTESSE » DE F. MISTRAL [26] (*p.* 70.)

A FRÉDÉRIC MISTRAL.

I

Comme l'armure polie — étincelle au soleil de Dieu, — ou la dure falaise — retentit au mugissement de la conque; — ainsi, à ta voix — mon âme intime répond aujourd'hui !

Oui, car je sais bien t'entendre ! — oui, car, moi, je veux te suivre !

Félibre au cœur de flamme ! — frère à la bouche d'or ! — l'esprit sublime qui t'enflamme — embrase aussi mon cœur ; — le vent divin qui mugit en toi — en moi souffle le même transport.

Oui, car je sais bien t'entendre ! — oui, car, moi, je veux te suivre !

Maintenant, que ta jambe ingambe, — foule les pics les plus hauts, — et qu'autour de ta tête — brille une splendeur royale, — tu fais bien d'offrir belle fête — aux grands cœurs.

Oui, car je sais bien t'entendre ! — oui, car, moi, je veux te suivre !

Tu fais bien de dire à ta race — ta passion magnifique : — crie donc : « Place ! Place ! » — aux mâles de ta nation, — et effondre comme une tempête — la Centralisation affreuse !

Oui, car je sais bien t'entendre ! — oui, car, moi,
je veux te suivre !

Je ne suis pas, moi, de ta patrie, — et bien loin
d'elle je suis né, — mais, comme aux chants de
ma mie, — mon cœur commence à vibrer, — en
entendant l'harmonie superbe — de la Nationalité !

Oui, car je sais bien t'entendre ! — oui, car, moi,
je veux te suivre !

Aussi, tu fais bien, ô chanteur ! — toi, de prendre par la main — cet adorateur vaillant — qui
aime tant la Patrie, — le plus brillant des poëtes
— qui pensent en catalan [27] !

Oui, car je sais bien t'entendre ! — oui, car, moi,
je veux te suivre !

Nature forte et douce, — grand lion et aussi
agneau, — colombelle bienveillante, — aigle
regardant le soleil, — âme limpide et valeureuse,
— âme couleur de la neige !

Oui, car je sais bien t'entendre ! — oui, car, moi,
je veux te suivre !

II

En avant ! courage ! car Dieu t'inspire, — élevé
sur tes chansons, — à la chasse du Vampire, —
qui oppresse ta nation, — et, comme une sangsue,
tire — son sang du crâne aux talons.

Oui, car je sais bien t'entendre ! — oui, car, moi,
je veux te suivre !

Fais resplendir ta Comtesse — sur les ruines du
couvent !... — Et puis... il y a d'autres princesses
— qui implorent la Grande Venue, — fières comme
des déesses, — à tous les quatre vents !

Oui, car je sais bien t'entendre ! — oui, car, moi, je veux te suivre !

Ne sais-tu pas cette Bien-Aimée — sous l'étoile du Nord, — la Belle ! la Déguenillée, — qui est pâle comme la Mort ! — l'Ardente ! l'Enchevêtrée, — qui gémit sur sa harpe d'or [28] ?

Oui, car je sais bien t'entendre ! — oui, car, moi, je veux te suivre !

Ne sais-tu pas l'autre Comtesse, — reine autrefois de la mer, — qu'une Châtelaine a mise — dans un cachot amer, — où, par violence et trahison, — sa belle chair se consume [29] ?

Oui, car je sais bien t'entendre ! — oui, car, moi, je veux te suivre !

Et d'autres, et d'autres !... O Pologne ! — O dame de notre amour ! — qu'avec son poing pesant — ton tyran frappe sans cesse, — à toi, comme à la Catalogne, — ta vaillance porte douleur.

Oui, car je sais bien t'entendre ! — oui, car, moi, je veux te suivre !

Et d'autres !... Mais, Dieu de la gloire ! — j'ai foi dans ton avenir : — il viendra le temps des victoires — pour tous les peuples évanouis, — quand du palais à la cabane, — le même cri résonnera...

Oui, car je sais bien t'entendre ! — oui, car, moi, je veux te suivre !

Quand d'écraser la haute vie — d'un peuple sera un péché — si noir, que frissonnante — toute main se lèvera, — pour confondre l'abhorrée — cause de l'assassinat.

Oui, car je sais bien t'entendre ! — oui, car, moi, je veux te suivre !

III

Chut! une voix réclame : — « Tes pensées me « font joie ; — mais fumée, bel ami, est ta flamme, « — ce n'est qu'un mirage de Crau ! » — Mais vite mon âme lui répond forte de ferveur : « Qu'importe ? »

Oui, car je sais bien t'entendre ! — oui, car, moi, je veux te suivre !

Ce me semble une belle chose — que d'être fasciné par le Beau, — et de poursuivre Estérelle [30] — à travers les buissons :... — Une étoile est une étoile, — même au milieu de la neige !

Oui, car je sais bien t'entendre ! — oui, car, moi, je veux te suivre !

Sans Idéal, rien ne nous reste, — quand la Jeunesse se cache ; — rien, car l'Amour nous déteste, — que les basses ambitions... — Sur la terre, qui nous arrête, — nous gîsons la face dans la poussière.

Oui, car je sais bien t'entendre ! — oui, car, moi, je veux te suivre !

Vive l'ivresse, — la sainte folie divine, — qui fait la mort recherchée — comme un ombrage agréable, — et la vie un hymne, — suave comme un jour d'Avril !

Oui, car je sais bien t'entendre ! — oui, car, moi, je veux te suivre !

Et quel délice et quelle volupté, — devant un monde assemblé, — d'ébruiter, bien que l'on s'affaisse, — la vérité glorieuse ; — et de jeter au siècle pâle — une averse de santé !

Oui, car je sais bien t'entendre ! — oui, car, moi, je veux te suivre !

Dis-moi, si, de l'Histoire — le plus grand tableau est — celui qui nous retrace la gloire — du grand Jules triomphant — au milieu d'un monde prospère — qui l'acclame de ses saluts ?

Oui, car je sais bien t'entendre ! — oui, car, moi, je veux te suivre !

Prométhée, à mon avis, — cloué sur son écueil — et lançant, comme une armée, — entre les éclairs et la glace, — ses convictions embrasées, — ô mon Mistral, est bien plus beau !

Oui, car je sais bien t'entendre ! — oui, car, moi, je veux te suivre !

Château de Woolley Hill, 20 de Février, 1867.

A MON CHER AMI VICTOR BALAGUER

DE BARCELONE (*p.* 77.)

A PROPOS DE SA LETTRE DU 29 DE JANVIER, 1867.

Si ton mauvais sort t'a banni — loin de ton nid luisant, dans la nuit ténébreuse, — ami, ne te plains pas, — et ne voile pas la lumière de ta fière figure, — que j'ai vue tant de fois exaltée et brillante.

Si, aujourd'hui, de ton grand soleil d'or — tu as « sous un ciel de plomb [31] » seulement souvenance, — ami, dans ton cœur, — éteins ta tristesse, allume ton audace, — et lance tes belles espérances autour de toi.

Hors de ta mélancolie horrible ! — A beaux genoux devant la loi antique et divine — qui te murmure ainsi : — « Toute rose qui brille a sa part des épines, — la cime la plus haute a le plus de sécheresse ! »

Ah ! dans le paradis d'Amour — qu'il y a d'enfers secrets ! Ah ! combien l'homme de gloire — attire autour de lui, — de niais pleins d'insolence et de sots ardélions, — pareils à des corbeaux qui flairent la victoire !

Même le sublime transport des Saints — a ses longs frémissements, a ses hurlants abîmes ; — et l'Exil et la Mort — s'accrochent bien souvent, par l'accord du Très-Haut, — aux talons ascendants du grand Patriotisme.

La résignation donc à toi ! — et fais, toi, sans peur, bonne mine au Bon-Dieu ; — ce n'est point en vain que ton œil — ne voit plus de ton pays « la plage serpentine »[32], — et les divines dentelles du vieux Mont-Serrat.

Et ce n'est point en vain que ne te berce plus — la suave harmonie de ta mer aimée ; — et qu'autour de toi — ne bourdonne plus comme une ruche de luisantes abeilles, — le parler nerveux de ta fière patrie.

Ce n'est point en vain, mon bien-aimé ! — et je te dirai joyeusement (toi, tu l'auras en ta mémoire !) — que ton exil ne sera — rien qu'un recul, à l'aurore des triomphes, — pour faire un saut plus beau dans le champ de l'Histoire !

GRACES A L'AMOUR (p. 79.)

Amour ! ô fier Amour ! merveilleux dompteur, — qui, quand tu veux, atterres les mortels, — seulement avec ton haleine ! Chasseur étonnant — et des chairs et des cœurs ! Démon persécuteur, — qui, pareilles aux vaisseaux poussés par le Mistral, — pousses à la mort mille et mille tendres âmes ! — O toi, que les peintres et les suaves poëtes font — un enfant rose, mais que l'Histoire proclame — un géant assis sur des nuages, et qui brame.

Je te dirai grand merci ! je sais que ta main — m'aurait pu noyer dans un gouffre de flamme — et de larmes, tout-à-coup... Mais tu m'as donné doucement — et les fleurs et les fruits, un paradis de fée, — un jardin plein de chansons, et la douce brise. — Grand merci donc, grand dieu ! au lieu de me coucher sur des ronces, — tu m'as voulu coucher sur des roses parfumées, — où je rêve indolemment et prends le soleil — dans les yeux estivals de la belle Isabeau.

SIX MOIS APRÈS AU TOMBEAU D'ISABELLE
(p. 80.)

A MADAME ROSE-ANAIS.

« Vivre m'est tristesse et horreur, —
« depuis que ma dame est morte. »

PONS DE CAPDUEIL.

Sous ce petit tombeau, — blanc linceul de marguerites, — gît la blonde Isabelle, — grand soleil de ma vie !

Moi pleurant, elle était toute en pleurs ; — riant, elle était rieuse ; — moi dolent, elle était en douleur ; — chantant, elle était chanteuse !

Chère veine de mon cœur ! — ô ma belle toujours aimée ! — où sont maintenant tes boucles d'or, — tes lèvres parfumées ?

Où sont tes jolis bras, — blancs et polis comme ivoire ? — où sont tes grands yeux bleus — pleins d'amour et pleins de gloire ?

Où est maintenant ton sein jumeau ? — ta langue douce et tendre ?... — Dans un grand fossé farouche, — dévoré par la vermine.

Mauvaise fosse ! ô trou damné ! — O toi, monstre, Mort noire ! — toi qui saisis la Beauté — comme un horrible busard !

Toi, à qui la fleur gentille — est plus agréable que l'arbre superbe, — comme la rose la plus chère — plaît toujours aux escargots.

Rends mon amie, ô Mort, — à mes baisers amoureux — — et je jeterai tout mon or — dans ta profondeur ténébreuse !

A JOSEPH ROUMANILLE

SUR SES « SONGEUSES » (*p.* 82.)

—

Veux tu savoir mon opinion sur tes « Songeuses », — ô Félibre provençal, pilier de ta langue ?... — Écoute : je te dirai que moins blanche et moins belle — est la fleur blanche du lis parfumé — dans la main de ton grand patron.

Je crois en te lisant être un vieux rôdeur — qui se promènerait aux champs quand le soir est serein :... — le bourdonnement de la ville épandu dans les airs — n'entre dans son cœur que comme une douce plainte, — et son cœur est plein de douceur.

LA FORCE DE LA FEMME (p. 83.)

PÉRIPHRASE D'UN PASSAGE CÉLÈBRE D'ANACRÉON

D'APRÈS L'ANGLAIS DE COWLEY.

Elle est toute armée; aussi, gaiement, — à vous parler sans respect, — elle se hérisse comme un porc-épic... — Ah! que Nie est puissante, — s'armant, quand elle se déshabille, — s'armant nue de pied-en-cap.

ENNUI (p. 84.)

« Et que vaut vivre sans amour —
« sauf pour faire ennui. — »

BERNARD DE VENTADOUR.

I

Je sens mon âme gelée, — plus qu'un rocher chauve, — plus gelée que la glace; — et il s'est dissipé le miel — qui abondait dans ma poitrine — et coulait comme un ruisseau d'or; — et m'ont passé le transport, — le transport et la tendresse, — que la Beauté souveraine — épanchait dans mon cœur.

Je languis, et rien — ne me fait joie ni ne me calme : — vert de l'herbe, bleu du ciel, eau limpide, joyeux soleil, — vainement s'offrent à moi ; — en rien je ne trouve plus de plaisir ; — et pas même vers l'amour — ne m'attire la ronde — des jeunes filles enchanteresses — qui chantent autour de moi.

II

Mais le Printemps, le Printemps — apporte doux encens et roses ; — chut ! j'entends les abeilles — qui bourdonnent dans les treilles ; — et les oiseaux et les fleurs — ne disent rien qu' « Amour ! Amour ! » — et des ruisseaux de la contrée, — et des vagues de la mer, — chaque habitant est cher à l'autre, — chacune est de l'autre aimée.

Mais non pour moi, non pour moi, — les douceurs d'Avril reviennent : — pour moi nulle lumière ne darde, — nulle source claire ne coule, — et l'Amour, qui danse et rit, — m'évite et me fuit aujourd'hui... — Viens, viens, ô grand Soleil, — fondre mon âme de glace, — car, Amour, sans ta lampe, — me plaît la Mort, l'horrible Mort !

A MON JOURNAL (*p.* 86.)

VERS ÉCRITS SUR LA PREMIÈRE PAGE.

Gentil papier, chose choisie ! — petit journal, plus blanc que neige ! — pour bannir ma triste humeur — tu as, ma foi, un biais charmant : — tu apportes à ma pauvre âme — merveilleuse sérénité, — aube d'or à mes ténèbres ; — quand je cours à plume sur toi, — comme à cheval sur un mamelon, — mes douleurs s'évanouissent!

Sois à mon ennui — donc un blanc oreiller, — ou, dans mon cher ermitage, — sois pour moi un sein aimant, — dans le vallon duquel — je puisse trouver un nid — pour déposer mes rires et mon deuil, — où, dans mes chaudes tendresses, — dans mes joies élevées, — je puisse me blottir sans peur.

A MON AMI FÉLIX GRAS (p. 87.)

SONNET

> « Être faible, c'est la misère. »
>
> MILTON.

Ami, il est des moments de douleur sans pareille — quand la terre de Dieu me semble de Lucifer, — et quand misérablement dans mon âme estivale, — un ouragan d'hiver glapit et fait des siennes :

Alors, plus limpides et doux qu'aucune chanson de pâtre, — j'entends tinter les airs de la Mort dolente ; — et je veux me coller sur ses pâles lèvres, — et me jeter joyeux sur sa poitrine sauvage.

Ah ! que la vie est vide ! ah ! que la vie est triste ! — et combien d'efforts perdus ! la faible Volonté — ne monte jamais au niveau du Désir exalté !

Ambitieux, ardent, je voudrais bien, ma foi, — enfourcher le monde en vaillant cavalier — moi qui ne suis rien plus qu'un pauvre ménestrel !

A AVIGNON (p. 88.)

SONNET

A MON SAVANT CONFRÈRE PAUL MEYER.

Comme des épis d'or tranchés par la faulx, — ou de beaux papillons que l'ouragan abîme, — il est passé, depuis longtemps, le grand essaim joyeux — qui tournait, ô Avignon, autour de tes Papes.

Mais l'Imagination tient tout sous son manteau : — elle peut transformer Janvier en un doux mois de Mai : — — ainsi, de ton rocher, vois, la vieille foudre se brise ; — tes rues et ta Cour ne me sont jamais vides.

Et je reconnais encore sous la mascarade — l'œil sombre de Pétrarque ; et la Reine qui eût — dans la fosse des douleurs la figure toujours haute [33] :

Et Rienzi le tribun [34] ; et le cœur brûlant — de la sainte jouvencelle, qui, — pour servir sa patrie, fuyait un mariage céleste [35] !

A LA REINE JEANNE (*p.* 89.)

SONNET

A AMÉDÉE PICHOT, D'ARLES.

Non, non, tu n'étais point née, ô Reine enchanteresse, — pour un temps si noir, pour une destinée tant âpre, — ô toi de qui la vie, nouvellement épanouie, — fut comme une fleur dans la main du Mistral !

Bien sûr cette belle bouche n'était pas faite — pour hurler « Place ! Place ! » aux éclairs impitoyables ; — ni assurément ce sein pour être une balance — à tes faux courtisans, à tes gens persécuteurs !

Tu aurais dû fleurir dans un âge plus agréable, — ô Fée bonne et douce, avec un bon peuple doux, — ignorant de la fraude, ignorant de l'orage :

Aucune vague n'aurait dû agiter ton courage, — aucun nuage ombrer ton empire brillant, — où Amour seulement aurait abordé.

AUX FÉLIBRES D'AVIGNON (p. 90.)

SONNET

En vain dans mon château je me blottis et je me cache ! — mon âme est embrasée et pleine de nostalgie ! — D'Irlande, mon pays, — le derrière du monde [36] — — j'accours, ô mes amis, pour vous voir en Provence !

Allons ! préparez la table, et que la Joie offre — cent flacons tout pleins de mon vin favori ! — et que dans vos yeux la Plaisanterie abonde, — et le noble Enthousiasme, et l'Esprit fin !

Moi, jadis la tête brûlée de la *Félibrejade* [37] — comme jadis je veux rire avec les compagnons, — et avec vous autres encore une fois m'enivrer saintement !

Je veux nager tout nu dans les belles pensées, — et, lançant mes chansons et mes toasts enflammés, — enfourcher superbement le Pégase Arlésien !

Château de Seafield, Irlande, 10 Novembre, 1867.

VERS ÉCRITS A LA GRANDE-CHARTREUSE
(p. 91.)

Grandement affamé des caresses du Christ — — de la douce beauté des perfections divines, — ici, Bruno chercha le grand trésor d'élite, — la rare rose sans épines.

Ici où la Nature lance des rochers — le mugissement des torrents et couve la tempête, — en silence sublime, il trouva la haute Paix, — et l'Allégresse du bon sage.

Car ému enfin par ce rauque fantôme [38], — avec son vaillant cœur et une voix sévère, — il s'écria : « Arrière, arrière, vils soins terrestres !
« — A la flamme, ô ivraie !

« Vain or ! basse ambition ! ô fumée ! ô fange !
« — séparez-vous vite de mon âme épanouie ! »
— Et soudain il entra au sentier rocailleux — et dans l'ombre de l'horrible vallée.

Brûlés du même feu d'autres vinrent bientôt, — indifférents au plaisir, se moquant de la gloire, — et cette ville sainte, à la face du ciel, — ils la bâtirent, chantant la victoire.

Et tels que des alcyons couchés sur les ondes, — ils couvent, en méditant, au milieu des forêts de pins, — blancs d'habit, blancs de cœur, comme la neige qui au-loin — revêt les hautes falaises.

Perdus dans l'Idéal, bienheureux, jour et nuit, — ils portent penchées leurs joues rêveuses ; — leurs genoux sont calleux ; du Seigneur leurs yeux limpides — miroitent la belle sérénité.

Et enivrés de délices ils répandent sans cesse, — (comme suaves fleurs des odeurs embaumées), — ils répandent des splendeurs d'espérance et d'amour — autour des portes étoilées.

Ils prient, ils chantent sans cesse, aussi bien, quand Août — lance ses aiguillons sur le cloître étincelant, — que quand l'orage balaie, sous les ténèbres de Janvier, — la terre qui sommeille morne.

Ainsi, depuis mille ans, leurs refrains ont résonné, — comme l'accord égal des grandes vagues purpurines — ou la voix des étoiles... Et, aujourd'hui, loin de périr, — leurs chansons deviennent immortelles !

LE CHIEN DE ROUSSEL (p. 93.)

A MON AMI LE FÉLIBRE DE LA FONTAINE DE NÎMES.

Que je devienne vieux comme un chanoine, — et que j'oublie la langue d'Oc, — si je râcle trop sur mon archet, — ou si je ne vous conte rien qu'un songe !

Écoutez-moi : l'ami Roussel — possède un chien extraordinaire, — plus laid, ma foi, qu'un gros rat, — plus joli qu'un petit veau !

Que je devienne vieux comme un chanoine, — et que j'oublie la langue d'Oc, — si je râcle trop sur mon archet, — ou si je ne vous conte rien qu'un songe !

Sa tête carrée et son poil — sont la tête et le poil d'un diable ; — son cœur et sa grâce admirable — sont le cœur et la grâce d'un dieu.

Que je devienne vieux comme un chanoine, — et que j'oublie la langue d'Oc, — si je râcle trop sur mon archet, — ou si je ne vous conte rien qu'un songe !

— 59 —

Le chien fantastique de Cambaud [39], — qui darde la peur à son entour, — effraie bien sûr moins que ce chien — les gens qui viennent à la maison.

Que je devienne vieux comme un chanoine, — et que j'oublie la langue d'Oc, — si je râcle trop sur mon archet, — ou si je ne vous conte rien qu'un songe !

La tourterelle de Dumas [40], — que nous avons tous chantée, — fut moins vantée que ce chien, — car elle porta moins de douces consolations.

Que je devienne vieux comme un chanoine, — et que j'oublie la langue d'Oc, — si je râcle trop sur mon archet, — ou si je ne vous conte rien qu'un songe !

Il est si gentil, si plaisant ! — et ses manières sont si délectables, — que son patron est malheureux, — s'il ne le flatte sur le dos.

Que je devienne vieux comme un chanoine, — et que j'oublie la langue d'Oc, — si je râcle trop sur mon archet, — ou si je ne vous conte rien qu'un songe !

E quand Roussel quitte son nid, — ah ! comme il grogne, brame, hurle ! — comme il crie, comme il glapit !... — En y pensant, mon cœur frisonne.

Que je devienne vieux comme un chanoine, — et que j'oublie la langue d'Oc, — si je râcle trop sur mon archet, — ou si je ne vous conte rien qu'un songe !

Il ne peut plus boire ni lécher ; — il se blottit seul dans un coin ; — il est l'image d'un vieux poëte — auquel les rimes ne viennent pas.

Que je devienne vieux comme un chanoine, — et que j'oublie la langue d'Oc, — si je râcle trop sur mon archet, — ou si je ne vous conte rien qu'un songe !

Mais quand son maître est de retour, — que de caresses ! que de baisers ! — il sourit comme une Félibresse, — et lui aboie sa franche affection.

Que je devienne vieux comme un chanoine, — et que j'oublie la langue d'Oc, — si je râcle trop sur mon archet, — ou si je ne vous conte rien qu'un songe !

On m'a dit que son seigneur serein, — tout épris d'amour pour la bête, — un beau samedi, dit à son notaire : — « Faites mon testament : »

Que je devienne vieux comme un chanoine, — et que j'oublie la langue d'Oc, — si je râcle trop sur mon archet, — ou si je ne vous conte rien qu'un songe !

« Voyez-vous, je laisse à mon cher caniche,
« — que j'aime, moi, plus que père et frère, —
« plus que maîtresse, et que mère même, —
« tout ce qu'il y a dans ma bourse. »

Que je devienne vieux comme un chanoine, — et que j'oublie la langue d'Oc, — si je râcle trop sur mon archet, — ou si je ne vous conte rien qu'un songe !

« Et mon *maset* et mon jardin, — mon vieux
« et dur bâton de vigne, — mes objets d'art, mes
» gravures, — toutes mes bouteilles de vin, «

Que je devienne vieux comme un chanoine, — et que j'oublie la langue d'Oc ; — si je râcle trop sur mon archet, — ou si je ne vous conte rien qu'un songe !

« La tête chérie de Rabelais, — de Maître
« Wyse le portrait, — bonne figure que Cres-
« pon [44] — a photographiée pauvrement ! »

Que je devienne vieux comme un chanoine, — et que j'oublie la langue d'Oc, — si je râcle trop sur mon archet, — ou si je ne vous conte rien qu'un songe !

« Mon chapeau blanc, mes pipes, — ma montre « d'or, mes mille livres, — mes notes sur les « Félibres, — enfin mon sceptre — qui est mon « Journal [41] ! »

Que je devienne vieux comme un chanoine, — et que j'oublie la langue d'Oc, — si je râcle trop sur mon archet, — ou si je ne vous conte rien qu'un songe !

Avignon, 14 Juillet, 1867.

PLAINTE (*p.* 98.)

Ne plaignez pas, ne plaignez pas la fleur cueillie ! — ne pleurez pas, ne pleurez pas le frère mort ! — sur le sein de la Belle est épanouie la rose, — vers la joie de Dieu l'ami est emporté.

Pour ceux-ci ne pleurez pas, mais pleurez pour ceux-là : — pour les méconnus, pour les privés d'Amour; — sur leurs pédoncules tordus plaignez les pauvres lis, — et les vivants qui sont encore en vie.

ADIEU A VICTOR BALAGUER (*p.* 99.)

(PIÈCE RÉCITÉE A LA FÉLIBREJADE DU 30 JUILLET, 1867.)

Adieu donc, adieu encore, ô Victor Balaguer !
— adieu donc, ô bouche de flamme ! — comme
des yeux pénétrants qui, dans les abîmes de l'air,
— suivent un grand aigle, des âmes — et des
cœurs — l'enthousiasme, — l'enthousiasme amical de tes Frères, — t'accompagne où tu vas, ô
Lutteur !

Adieu donc, adieu encore, valeureux Catalan !
— adieu donc, patriote admirable ! — Qui dira si
les dons que les années t'apportent — te seront des
dons de Dieu, ou du Diable ?... — Mais, quoi qu'il
en soit, — le haut amour — et les bénédictions
de tes Frères — t'envelopperont bien, ô Troubadour !

Adieu donc, adieu encore, ô vaillant courage !
— adieu donc, intelligence brillante ! — Nous
autres tous croyons que ta glorieuse Venue —
en Provence est de la Providence — une bouffée
— bienheureuse, — et que tu seras toujours à
tes Frères — un oiseau de bon augure, ô Chanteur !

Adieu donc, adieu encore, esprit dominateur !
— adieu donc, intrépide Félibre ! — tu nous quittes, ma foi, mais entre les éclairs, — n'oublie pas
le livre merveilleux — que ton cœur — doux et
fort — prépare pour les cœurs de tes Frères, —
sur la Grande Guerre de leurs ancêtres [42].

Avignon, 30 Juillet, 1867.

LA FÉLIBREJADE SOLITAIRE (*p.* 101.)

A L'ÉDITEUR DU « BRÉVIAIRE D'AMOUR »,

MON AMI GABRIEL AZAIS, DE BÉZIERS.

—

Après un mauvais jour le soleil se couchait, — environné de nuages ; — comme un monstre farouche le Sud-Ouest glapissait — de ci, de là ; — et la feuille et la pluie tour-à-tour se pourchassaient — comme d'âpres démons, — et durement frappaient avec leurs doigts malins — contre ma fenêtre.

Moi, seul, dans ma chambre, amoureux, mélancolique, — au devant de la maison, — j'écoutais dolent la symphonie terrible — qui me faisait grand plaisir ; — je regardais du torrent l'élan écumeux — blanchir au vent, — à travers la profondeur de la nuit ténébreuse — qui donnait l'épouvante.

Pourtant l'hôte a crié : « Monsieur, la table est « mise ! — et les plats sont tout chauds ! » — La blonde *régalide* est une Félibresse — qui chante à mon foyer ; — à mon coude voilà de galantes bouteilles — du bon vin d'Azaïs ! — Mais qui me versera dans le verre étincelant — son îlot de Paradis ?

Allons, viens ! je t'invite, ô ma gentille petite Muse ! — idole de mon cœur ! — descends de ton ciel avec tes ailes roses, — et ton galoubet d'or, — avec tes longs cheveux blonds qui tombent en boucles — sur ton cou de lait, — avec ta mamelle nue, mamelle de vierge, — coquettement dressée.

Moi seul avec toi seulette... — Amie ! — buvons, pleurons, et chantons, — et causons, — ô ma Muse tant aimée, — belle et nue ! — Comme des grelots luisants — au joyeux soleil, — va donc, mignonne, que le verre — du buveur — tinte vite avec le tien, — tinte — clair ;... — Chut ! un toast !

RASADE I. A LA JEUNESSE

L'ennui dans le cœur, je boirai premièrement — aux souvenances — de la Jeunesse, — qui s'esquive, aïe ! aïe ! aïe ! comme un souffle de vent ;... — A la Jeunesse, au joli temps, — où, la rose sur la tête, — toute la vie était fête ; — au temps doux et resplendissant, — où tels que de fiers aigles au soleil regardaient, — où tels que des lions superbes cheminaient — nos espoirs, nos amours ; — aïe ! aïe ! aïe ! quand tout était étoile et perle et fleur ; — et que les *regardelles* * — étaient de plus belles choses — que la réalité : — mais tout cela s'est dissipé, — comme la neige dans la flamme, — ou chant de rossignol dans le silence profond ; — et il ne reviendra plus, aïe ! aïe ! — jamais ! jamais ! jamais !

Moi seul avec toi seulette... — amie ! — buvons, pleurons, et chantons, — et causons, — ô ma Muse tant aimée, — belle et nue ! — Comme des grelots luisants — au joyeux soleil, — va donc, mignonne, que le verre — du buveur — tinte vite avec le tien, — tinte — clair ;... — Chut ! un toast !

---

* *Regardelles*, regardello, mets imaginaire. *Manja de regardello*, manger des yeux, mâcher à vide, comme dit Rabelais.

RASADE II. A L'AMOUR

A l'Amour, la douce apparition, — le beau dieu béni, — qui offre à Lazare — les plaisirs de Crésus ; — à l'Amour, le chasseur, — à l'Amour, semeur — en haut comme en bas, — de douleur et de joie ! — le grand dieu qui tourmente, — qui se nourrit d'éclairs, — à la force duquel — le Mistral terrible, — quand il bat les navires, — ou bouleverse la Crau, — emportant ses cailloux, — est assurément inégal ; — à l'Amour Géant, qui de son fouet horrible, — pénètre et flagelle, bruit et souille, perce et meurtrit ; — à l'Amour petit Enfant, — qui donne des baisers, — et joue à l'abandon — comme un chaton gentil ; — à l'Amour, à l'Amour, à son teint de pomme, — sa douce peau de fleur, à ses tresses soyeuses, — à ses ailes purpurines... — Et, ma Muse ! aussi, — nous boirons, nous trinquerons, inspirés, pensifs, — aux aimées que le Bon-Dieu nous a données ; — aux filles si belles ; — aux voisines et aux lointaines, aux blondes et aux brunettes, — que pour nous l'Amour a tendrement atteintes ; — à Lucie et à Lydie ; — à la sage Sophie, — qui me donna pourtant mille et mille baisers ; — à la lisse Adelgise et à son petit pied ; — à ma Madeleine ; à toi, bien sûr la plus jolie — que jamais j'aie vue, une fée accomplie, — avec les yeux d'un ange et d'un ange le cœur, — et le regard amoureux et les cheveux étincelants d'or. — Frédérique la Blonde ; à Lullis ainsi qu'à Lise ; — à la gaie Henriette et à ses espiègleries ; — aux prunelles chantantes — de la haute Rose-belle, — qui, comme le Persan qui adore le soleil, — me jettent à genoux et me ferment les paupières !... — Mais, ô Muse, où sont — les caresses et les baisers ? — les baisers de miel et les tendres caresses ?

LA MUSE.

Pauvres belles ! la Mort ou l'Oubli les ont prises !!!

MOI.

Mais il me reste encore la princesse de mon cœur, — il me reste encore Ellen ! — encore je puis respirer son haleine, — encore, et pour toujours...

LA MUSE.

C'est ainsi ; et je peux, — de mes yeux rêveurs, — la voir, comme ma figure dans une glace, — au-loin, dans ton château — aux rives de l'Avon... Là-haut, mon beau poète, — elle pense à toi, elle pense à toi, — et pour toi elle prie Dieu dans sa chambre secrète, — le cœur tout ému.

Mais moi seul avec toi seulette... — Amie ! — buvons, pleurons et chantons, — et causons, — ô ma Muse tant aimée, — belle et nue ! — — Comme des grelots luisants, — au joyeux soleil, — va donc, mignonne, que le verre — du buveur — tinte vite avec le tien, — tinte — clair ;... — Chut, un toast !

RASADE III ET IV. AU SOLEIL ET A LA GLOIRE

Avec des lèvres chantantes, — avec des yeux limpides, — trinquons, passionnés, ma belle ! — au Roi des astres, au grand Soleil, — comme il convient, — au grand Soleil, — au toujours bon et toujours beau !... — Vois, déploie vite tes ailes légères, — ô petite Muse de mon amour ! — Et (enivrée de Poésie, — par la puissance de la Fantaisie) — du Mont-Ventour escarpé — transporte-moi, allons ! sur la crête, — pour faire, ô Soleil ! là-haut, — belle fête en ton honneur : — Oui, bon Soleil ! à ta santé — je veux trinquer, — te saluer !...

LA MUSE.

Avec, sans doute, de saintes chansons, — des coupes écumeuses et débordantes !...

MOI.

Sans doute, amie, et noyé — dans le déluge de sa gloire, — je veux ébruiter, moi, ses victoires : — à cœur-joie le contempler, — le rendre dans son pontificat brillant — fier de mes hommages, — comme jadis ses adorateurs — au fond de l'Orient illustre : — Chantons, chantons : « O Roi des
« astres ! — O grand œil de l'univers ! — sans toi
« il n'y a que malheur ; — la terre n'est qu'un
« trou d'enfer ; — ô père de la Maturité ! — ô gouf-
« fre d'or de l'Abondance ! — Grâce à toi les cent
« mamelles — de la belle Nature — sont des sour-
« ces et des cascades — d'huile, de vin, de miel :
« — grâce à toi, la mer immense est azurée, — et
« les roses et les nues et les joues sont vermeilles ; —
« oh ! sois-tu, sois béni — infiniment ! — Tu fais
« croître le palmier, tu fais dorer l'orange ; — tu
« fais le monde s'épancher comme une mer de
« fleurs ; — tu nous envoies tes rayons comme un
« essaim d'anges ; — tu remplis l'univers d'allé-
« gresse et d'amour : — la race humaine, — aussi
« bien que la vermine, — tu les maîtrises avec
« joie, — les perçant, les baisant de tes ardentes
« flammes ; — du condor céleste — à la perche
« qui nage, — tout ressent le pouvoir — de ton feu
« bienheureux, — les plus grands, les plus petits !
« — Oh ! sois toujours et sans cesse — l'Amour, la
« Gloire, l'Allégresse !... — Quand tu te lèves, la
« création — est une lyre de Memnon ; — sommet,
« campagne, haie, bocage, — tout est chant et
« chanson et cantique ! — Et quand tu veux te
« plonger dans la mer, — langueur, tristesse et
« obscurité — voilent la sainte Nature. — Dans
« tout le monde, vois-tu, il n'y a rien — qui puisse
« se comparer à toi ; — ô chère idole !... »

LA MUSE.

O cher poëte ! — tu es quasi (moi, je le sais) — un idolâtre du grand Soleil : — (*que le Bon-Dieu te pardonne !*)...

Mais moi seul avec toi seulette... — Amie ! — buvons, pleurons, et chantons, — et causons, — ô ma Muse tant aimée, — belle et nue ! — comme des grelots luisants — au joyeux soleil, — va donc, mignonne, que le verre — du buveur — tinte vite avec le tien, — tinte — clair ;... — Chut, un toast !

RASADE V. A LA POÉSIE

Buvons, trinquons, — trinquons, buvons — à la noble Poésie ! — A la fille — du Soleil ! — A l'abeille bénie — qui cueille vite — tant de miel ! — A la douce Enchanteresse — qui fait l'âme chanteuse ! — Va ! en avant ! trinquons, — lançons un toast — ardent et clair, — tel qu'un volcan — éblouissant — qui superbement — vide en flammes — toute son âme ; — Oh ! buvons, trinquons à la Fée, — par qui la terre des Mortels — est pleinement embaumée, — comme le sont les collines, les vallées — et les mamelons — asiles des pâtres — — par les parfums forts et suaves — des thyms, de la menthe — et du myrthe — la fleur de joie ! — A toi, merveilleuse Essence — qui remplis l'univers de Dieu, — comme l'Ether limpide et subtil — l'espace de la voûte immense !... — Oui, je t'ai aimée infiniment — dans ma jeunesse !... Je t'aime encore !... — Oui, mainte amie, maint ami, — j'ai quitté par lassitude ; mais toi, ma chère, — jamais, jamais !... — Environné de tes rayons, — quand je t'entrevois blonde et claire, — des éclairs se font sur ma tête ; — mes bras s'agitent comme des ailes ; — et mes deux prunelles flamboient ; — ma fière voix s'élève en chansons ;

— et aussitôt avec allégresse — je foule pompeusement la terre... — Oui, dans l'angoisse, dans le deuil, — tu me montres toujours ta tendresse ; — et tes caresses et tes baisers — sont ceux d'une divinité. — Tu es mon orgueil et ma consolation, — ma *régalide* dans les frimas, — et toute ma vie ici-bas ; — mon orgueil au milieu des fats, — ma consolation dans le cimetière, — où je m'écrie : « O fosse noire ! — si la divine Poésie — s'envole « jamais de mon cœur, — que je sois mangé de « vermine — dans les cavernes de la Mort !... » — Chacun le sait, la Poésie — est une aile qui porte en haut ; — c'est le nom le plus splendide — de notre Dieu aux mille noms !

Mais moi seul avec toi seulette... — Amie ! — buvons, pleurons, et chantons, — et causons, — ô ma Muse tant aimée, — belle et nue ! — comme des grelots luisants, — au joyeux soleil, — va donc, mignonne, que le verre — du buveur — tinte vite avec le tien, — tinte — clair ;... — Chut, un toast !

RASADE VI ET VII. A LA PROVENCE ET A LA LIBERTÉ

Du Bon-Vin grande est la puissance, — car il nous exalte en Paradis ; — et c'est lui qui lance notre âme, — dans les sentiers élyséens !... — De l'épine lui fait la fleur, — du vent d'hiver l'haleine de Mai, — et d'un enivré un prophète... — Je vois l'Avenir !...

LA MUSE.

Poëte !

MOI.

Je vois l'Avenir, n'est-ce pas ? — Au-loin, regarde, ma petite Muse ! — En bas, d'en haut, —

quelle vision ! — Les ans sont tournés de côté — comme des nuages. Clair — je vois le souverain soleil — qui resplendit sur un territoire — ruisselant de lait, ruisselant de miel, — pour tous ses enfants bons et beaux : — je vois des montagnes empourprées, — de grandes villes capitales, — chacune petit nid royal ! — un fleuve fier qui égaie le pays : — une mer bleue étincelante, — pleine de drapeaux et de navires... — Oh ! quelle est cette Terre, amie, — sais-tu ?... Tel que celui de mille abeilles, — j'entends de loin le bourdonnement — du galoubet, du tambourin : — j'entends de folles *farandoles*, — que rien ne tracasse, ou ne trouble ; — et le bourdonnement, — et les chansons — du paysan suivant sa charrue, — et, sur la mer, du pêcheur aux cheveux blancs. — D'en-haut, d'en-bas, d'ici, de là, — ce sont les chansons de la Liberté, — de la Liberté dont la figure, — hélas ! est rare, dans notre monde : — c'est le langage bien-aimé, — qui te fait danser, ô ma Muse... — Quelle est donc cette Terre, amie ? — Tu le sais bien, — oh ! parle, parle.

LA MUSE.

C'est la Terre de —

(*Quelqu'un frappe à la porte.*)

Ta-ra-ra !

MOI.

Qu'est-ce là ?... diable !...

(*Encore à la porte.*)

Ra-ta-ta !

(*Un garçon entre.*)

Monsieur a sonné ?

MOI.

Non ! fils de quelque ânesse ! — Mais tu fais fuir ma gente petite Muse ! — Va-t'en de là : —

tu fais envoler — mon cygne blanc, — ma douce sœur jumelle !

Ainsi, l'autre soir, avec les trois bouteilles — du bon vin d'Azaïs, — je *félibrisais* seul avec la Muse, ma mignonne, — qui parfois me sourit !

ENVOI.

O Gabriel, mon ami, donneur des trois flacons — que j'ai galamment vidés, — tes flacons sont vraiment de puissantes sorcières — pour me faire chanter ! — Tu le vois, ma petite Muse et moi, pleins de reconnaissance, — sommes tous deux tombés d'accord — pour te donner des chants de joie et de jeunesse — en remerciment de leur ruisseau d'or !

AUX POETES JUMEAUX

FRÉDÉRIC MISTRAL ET VICTOR BALAGUER (*p.* 116.)

—

O père de Mireille et du fier Calendal, — ô glorieux ivrogne du vin de Dieu ! — et toi qui lances l'éclair de la Liberté, — toi, l'Homme de la Catalogne !

Écoutez : comme par des escaliers resplendissants — l'on monte aux grandes et antiques églises, — la Belle Poésie, ô vaillants chefs, — conduit à la Haute Politique !

Avignon, 1 Janvier, 1867.

UNE PIÈCE DE POÉSIE CATALANE (*p.* 117.)

A MES AMIS DE BARCELONE.

Reine blanche assise près de l'onde, — ô noble Barcelone ! — Illustre cité, qui par le bouillonnement — de ton amour patriotique, te fais, — de jour en jour, plus grandiose et plus belle ; — si une larme sort de mon œil — avec une émotion suprême, et si mon âme émue — reste muette ; — ce n'est pas parce que je vois, ô lieux aimés ! — des sommets ombreux de la haute Prophétie, — comme aux sons d'une harmonie sublime, — ainsi qu'en un soleil formé de petites étoiles, — s'unir tes bourgades blanches, enlacées, — en une capitale des plus opulentes ; — ce n'est pas parce que ton essor est puissant ; — ni parce que sur l'onde bleue qui te baigne, — je te vois devenir le cœur d'une autre Espagne, — le Paris de la mer !

Mais c'est, parce que mon âme attristée, — ô bonne cité ! — a trouvé en ton sein l'amitié, — des amis bien libéraux, de doux amis, — qui resteront comme des pics — au milieu de la plaine de ma vie !

O douces amitiés ! jeunes amours ! — comme l'odeur aux fleurs, — comme au ciel les étoiles, — sont toujours tes anciens souvenirs ! — Vous faites roses les épines, — et les plus belles choses — des choses encore plus belles !

Tiré du « Calendari Catala » de l'An 1866.

DEUX PIÈCES DE POÉSIE

DANS LE PROVENÇAL DES ANCIENS TROUBADOURS (p. 119.)

I

SIRVENTE

Prix, parage n'existent plus ! — Joie, jeunesse sont tous détruits ! — Amour, cour amoureuse, galanterie, — prévenance, chevalerie, — et courtoisie sont honnis ! — Je me sens lié par un lien ; — j'entends un cri qui me crie dans le cœur : — « Les beaux soleils se sont évanouis ! »

Voilà pourquoi je suis en grand chagrin ; — tous mes soucis sont des douleurs parfaites ; — le temps pascal, le jour agréable, — les chants des oisillons, la société — de mes fleurs, me font triste ; — la joie qui naît de la bibliothèque, — ou du dormir avec ma mie, — m'ont laissé comme fumée.

Tout pareil à un gars, — qui par distraction, et d'une main hardie, — renverse sur le dos, dans le chemin, — sans qu'il puisse se retourner, — un petit escarbot ; — ainsi gisant nuit et jour — le Destin me frappe, et le Sort me lie, — et les pleurs ni les cris ne me valent rien.

Car ce vil siècle m'est tromperie ; — mes belles espérances m'ont menti ; — l'on n'est choisi qu'à cause de l'argent ; — l'on se confie seulement au fripon — et au méchant grossier ; — et le bourgeois regarde comme folies — la flamme du cœur et la poésie, — et les larmes et les douces qualités.

Dans mon cœur, je ne sais ce que c'est, — je sens une douleur, une douleur maudite — qui me fatigue, qui me lie, — qui me tuerait bientôt, — si elle n'est bientôt éteinte : — car sans chansons ni sympathie, — et sans amours, quoi qu'on vous dise, — terre et ciel sont obscurcis !

ENVOI

Dame Anaïs [44], consolation, — orgueil et richesse de ton mari ! — que le parfait Amour le préserve — des maux qui me font triste !

Fils de Maillane [45], de génie audacieux, — ami meilleur qui soit au monde, — que la joie de *trouver* rie toujours — dans les yeux qui m'ont souri !

Château de Woolley Hill, 21 Novembre, 1866.

II

SANS AMOUR LE BONHEUR NE SE TROUVE JAMAIS (*p.* 122.)

> « Bien mort est celui qui ne sent au cœur —
> « quelque douce saveur d'Amour. »
>
> BERNARD DE VENTADOUR.

Doux sont ces jours; et douces assurément — sont ces soirées qu'orne la belle lune ; — mais ne m'intéresse aucunement leur mérite, ni leur apparence, — ni leur paix, ni leur lumière, ni leur repos, ni leur idée ; — puisque la Beauté sans l'Amour est mauvaise cuisson, — et puisque mes yeux pleins de soucis ne tiennent accointance — avec les yeux d'aucune dame qui me donne merci — et joie d'amour.

C'est ainsi, à présent, que le soleil opulent ne m'agrée qu'à demi ; — et le lai du rossignol ne m'apporte plus maintenant la réjouissance ; — et mes pieds tardifs ont peu de patience — pour me conduire aux prés, quand le temps de Pâques revient ; — je ne cueille plus de fleur jolie : — et les ruisseaux me gazouillent — plutôt avec malveillance qu'avec avenance gentille, — quand ils font de roc en roc blanche cascade — avec grand bruit.

Comme d'un grand aigle, qui vole à travers la tempête, — quelques plumes dorées se sèment dispersées — sur l'haleine du Siroc ; ainsi, par dommage cruel, — mes beaux jours s'envolent sans aucun agrément :

J'ai besoin du Sorcier, sans la puissance duquel — me semblent sans saveur la montagne et le bocage, — et sans lequel toute chose dans le ciel et dans l'herbe — m'est vilaine Beauté, et Allégresse triste !

ENVOI

Avec joie, Théodore[46], je te ferai hommage — de ce vers, car tu es certes troubadour de parage !

FIN.

ERRATA

Pajo	ligno o vers	en liogo de :	legessés
v	6	car ami............	*cars ami.*
v	10	Assiso............	*Assise.*
xx	22	essai............	*assai.*
1	19	Wooley...........	*Woolley.*
7	25	! e redo soulitàrio..	*soulitàrio e redo!*
9	7	Cousmoupoulite....	*Cousmoupoulito.*
11	11	apres............	*a pres.*
19	5	s'esclarie.........	*esclaire.*
28	4	dóu gènt Mathiéu..	*de Gènt-Mathiéu.*
31	entre 12—13	....	*Ai !*
32	3	belasso...........	*bellasso.*
44	2	Vincente.........	*Vicente.*
48	5	fas..............	*fai.*
52	8	mourre...........	*moure.*
62	19	amudamen.........	*amudimen.*
65	1	Fugèn............	*Fugen.*
67	21	ieu..............	*iue.*
68	24	pan..............	*pau.*
71	21	troubaire.........	*cantaire.*
73	4	gingoulo..........	*plouro.*
73	23	de la glòri!.......	*de glòri !*
73	26	teni..............	*toui.*
78	7	ourlant...........	*ourlants.*
88	1	Avignoun.........	*A-n-Avignoun.*
88	12	Enca recounèisse..	*E recounèisse enca.*
118	4	sobre............	*Y sobre.*
196	9	gingoulo.........	*plouro.*
35	21	L'Enfance........	*L'Enfance (p. 61.)*
44	6	gémit............	*pleure.*

EN PREPARACIOUN

PÈR L'AUTOUR DI PARPAIOUN BLU

CERBERUS
O LOU CHIN DI TRES LENGO

> « A leash of languages at once ! »
> HUDIBRAS.

LOU REMORS DOU PAPO INNOUCÈNT

POUÈMO PROUVENÇAU, SEGUI D'UN MESCLADIS.

> — « Baro, » ditz l'Apostoli, « no pose mudar nòn pes,
> « Car ergolhs e maleza es entre nos ases.
> « Nos degram governar, per bon dreit, tot cant es ;
> « Et recebem los mals, et fam perir los bes ! »
> CANSOS DE LA CROZADA CONTRE ELS EREGES
> DALBAGES. COBLA CXLIX.

LITERATURO PROUVENÇALO

J. ROUMANILLE, libraire-editour en Avignoun.

Calendau, nouvèu pouèmo, de Frederi Mistral (traducioun franceso vis-à-vis), em'un retra de l'autour dessina per Hébert e grava pèr Gaillard. In-8°. — Costo : 7 fr. 50.

Mirèio, pouèmo prouvençau de Frederi Mistral, emé la traducioun franceso vis-à-vis (ouvrage couronné par l'Académio franceso). Edicioun quatrenco in-8°. Paris, Charpentier ; Avignoun, Roumanille. — Costo : 3 fr. 50.

Lis Oubreto en vers, de J. Roumanille, emé lou retra de l'autour. Edicioun tresenco, in-18. — Costo : 3 fr. 50.

Lis Oubreto en proso, de J. Roumanille. Edicioun nouvello, in-18 (428 pajo). — Costo : 3 fr. 50.

La Miougrano entre-duberto, de Teodor Aubanel (traducioun franceso vis-a-vis). Edicioun in-12. — Costo : 3 fr. 50.

La Farandoulo, d'Ansèume Mathieu (traducioun franceso vis-a-vis). Un voulume in-18. — Costo : 3 fr. 50.

La Bresco, d'Antòni-Blàsi Crousillat. Un voulume in-8° (xvi-315 pajo). — Costo : 3 fr. 50.

Lou Tambourin, istòri de l'estrumen prouvençau, etc. (traducioun franceso vis-à-vis), pèr F. Vidal cadet. Un voul. in-8°. — Costo : 6 fr.

Un Liame de Rasin countenènt lis obro de Castil-Blaze, Adòufe Dumas, Jan Reboul, Glaup e Toussant Poussel, reculido e publicado per J. Roumanille e F. Mistral. In-18. — Costo : 3 fr.

Lou Vin di Felibre, de William C. Bonaparte-Wyse, emé la musico de A. Dau e acoumpagnamen de piano. — Costo : 2 fr.

Lous Cants de l'Aubo, recuei de pouesìo lengadouciano d'Albert Arnavielle, d'Alès. Un voul. in-18. — Costo : 3 fr. 50.

Bruno-la-Bloundo, o la Gardiano dis Aliscamp, pèr Jùli Canonge.

E lis obro de Saboly, J.-B. Favre, J. Morel, Autheman, P. Cappeau, B. Floret, la Felibresso dóu Cauloun, etc.

SOUTO PRESSO O EN PREPARACIOUN

1. **La Rampelado**, recuei di pouesìo de Louis Roumieux.
2. **Li Sèt Garbeto**, recuei di pouesìo d'Agoustin Boudin.
3. **Long dóu Camin**, recuei di pouesìo de Roumié Marcelin.
4. **Li Carbounié**, pouèmo roumantique de Fèlis Gras.
5. **Cerberus, o lou Chin di Tres Lengo**, dóu Felibre di Parpaioun blu.
6. E dóu meme autour : **Lou Remors dóu Papo Innoucènt**, pouèmo prouvençau, segui d'un Mescladis.

www.ingramcontent.com/pod-product-compliance
Lightning Source LLC
Chambersburg PA
CBHW060506170426
43199CB00011B/1346